礼貌礼节

主　编　王建斌　刘　剑　姜　娜
副主编　陆　俐　王天璐　李清月
参　编　李韶军　纪永起　韩松强
主　审　黄淑敏

北京理工大学出版社
BEIJING INSTITUTE OF TECHNOLOGY PRESS

版权专有　侵权必究

图书在版编目（CIP）数据

礼貌礼节 / 王建斌, 刘剑, 姜娜主编. -- 北京：北京理工大学出版社, 2024.1
ISBN 978-7-5763-3612-2

Ⅰ. ①礼… Ⅱ. ①王… ②刘… ③姜… Ⅲ. ①礼仪—教材 Ⅳ. ① K891.26

中国国家版本馆 CIP 数据核字（2024）第 045985 号

责任编辑：封　雪　　文案编辑：毛慧佳
责任校对：刘亚男　　责任印制：施胜娟

出版发行 / 北京理工大学出版社有限责任公司
社　　址 / 北京市丰台区四合庄路 6 号
邮　　编 / 100070
电　　话 /（010）68914026（教材售后服务热线）
　　　　　（010）68944437（课件资源服务热线）
网　　址 / http://www.bitpress.com.cn

版 印 次 / 2024 年 1 月第 1 版第 1 次印刷
印　　刷 / 定州市新华印刷有限公司
开　　本 / 889 mm × 1194 mm　1/16
印　　张 / 12
字　　数 / 230 千字
定　　价 / 49.00 元

图书出现印装质量问题，请拨打售后服务热线，负责调换

礼仪是人与人之间为了进行交流而共同遵守的、最基本的道德行为规范。教育的目的是以"礼"育人、以"仪"化人。学生在了解和践行礼仪文化的过程中可以增强文化自信，成长为德才兼备、全面发展的人才。

党的二十大报告提出："推进文化自信自强，铸就社会主义文化新辉煌。"党的二十大报告还提出："实施公民道德建设工程，弘扬中华传统美德，加强家庭家教家风建设，加强和改进未成年人思想道德建设，推动明大德、守公德、严私德，提高人民道德水准和文明素养。"

本教材正是在党的二十大背景下编写而成的，且努力构建了家庭、学校、社会协同发力的礼仪教育体系，让学生在实践中自觉学习礼仪、尊崇礼仪、践行礼仪，使文明礼仪内化于心、外化于行。学生按照教材中三大篇章（知礼篇、学礼篇、行礼篇）的内容学习，可以掌握礼仪的起源、发展和具体规范及其在各种场合、不同情境下的应用，并依托新媒体技术不断创新，将课堂学习与课下实践充分结合，确立网络空间的礼仪、礼节、礼貌规范，在良好的学习氛围中逐步养成礼仪习惯。

篇章	主题	学习水平	教学建议	特色	学时建议
知礼篇	礼貌礼节知识	理解记忆	本篇章的主要内容是礼貌礼节基础知识，侧重点是理解相关概念。教师可通过展示图片、视频的方式帮助学生记忆	将中华民族优秀的礼仪文化思想借助礼仪相关概念融入其中，使学生拥有爱国情怀和民族使命感	10
学礼篇	个人形象礼仪	记忆应用内化迁移	本篇章的内容以塑造个人形象礼仪知识为主，侧重对知识进行灵活应用的方法，教师可通过规范练习并与专业和实际生活密切联系的方式让学生学习礼仪	将职业意识、职业要求、职业认同感融入其中，帮助学生树立爱岗敬业的职业精神，并塑造良好的个人形象	30

续表

篇章	主题	学习水平	教学建议	特色	学时建议
行礼篇	人际交往礼仪	记忆应用 内化迁移	本篇章的内容主要以常用人际交往中礼仪知识为主，侧重对知识的掌握和灵活运用，教师可以采用情境式教学模式和实践教学相结合的方式教学	将责任感和使命感及从业人员应有的工匠精神融入其中，以此来提升学生的职业素养和交往能力	30

  本教材注意加强各种礼节所能表现的仪式感、庄重感、荣誉感，营造崇礼重礼的文化氛围，通过拓展专题、榜样的力量等让学生沉浸式学习礼仪。

  由于编者水平有限，教材中难免存在疏漏之处，恳请广大读者批评指正。同时，编者在本教材的编写过程中参考了部分公开发表的书籍和文献，在此向相关作者表示由衷的感谢！

编 者

Contents 目录

知礼篇　礼仪从识礼开启——礼貌礼节知识　　1

主题1　中华民族 礼仪之邦　　2
　　知其一　礼仪内涵与特点　　3
　　知其二　礼仪原则与功用　　9

主题2　和谐社会 礼仪当先　　14
　　知其一　礼仪是道德的基石并由实践养成　　15

学礼篇　礼仪从细节完善——个人形象礼仪　　21

主题1　仪表有礼 塑造形象　　22
　　学其一　仪容礼仪　　23
　　学其二　服饰礼仪　　29

主题2　仪态有礼 尽显个人魅力　　36
　　学其一　表情礼仪　　37
　　学其二　举止礼仪　　43
　　学其三　致意礼仪　　51
　　学其四　鞠躬礼仪　　54
　　学其五　手势礼仪　　57
　　学其六　握手礼仪　　61
　　学其七　递接礼仪　　64

主题3　沟通有礼 融洽关系　　67
　　学其一　称呼礼仪　　68
　　学其二　礼貌用语　　72
　　学其三　沟通技巧　　78

目录

行礼篇 礼仪从点滴做起——人际交往礼仪　　85

主题1　校园礼仪 谦虚恭敬　　86
　　行其一　师生交往礼仪　　87

主题2　家庭礼仪 孝敬礼善　　97
　　行其一　与父母相处　　98
　　行其二　与邻居相处　　104

主题3　交往礼仪 温文尔雅　　109
　　行其一　介绍礼仪　　110
　　行其二　演讲礼仪　　116
　　行其三　电话礼仪　　120
　　行其四　通信礼仪　　127
　　行其五　拜访礼仪　　134
　　行其六　待客礼仪　　143
　　行其七　馈赠礼仪　　148
　　行其八　乘车礼仪　　153
　　行其九　求职礼仪　　159

主题4　餐叙礼仪 彬彬有礼　　166
　　行其一　宴请礼仪　　167
　　行其二　赴宴礼仪　　177

参考文献　　186

知礼篇

礼仪从识礼开启——礼貌礼节知识

孔子曰:"恭而无礼则劳,慎而无礼则葸,勇而无礼则乱,直而无礼则绞。"这句话的意思是恭敬而不符合礼的规定,就会让人烦扰不安;谨慎而不符合礼的规定,就会让人畏缩、拘谨;勇猛而不符合礼的规定,就会让人违法作乱;直率而不符合礼的规定,就会让人尖酸、刻薄。

礼仪是规范人们行为方式的准则,也是人类文明进步、国家经济繁荣的标志。我国素有"礼仪之邦"的美誉,正所谓"知礼行天下",我们作为中华儿女,有责任、有义务将优秀的礼仪文化传承下去。

知礼篇　礼仪从识礼开启——礼貌礼节知识

主题 1　中华民族 礼仪之邦

知典故，学礼仪

导学悟礼

"程门立雪"这个成语家喻户晓。它出自宋代著名理学家将乐县人杨时求学的典故。杨时从小就聪明伶俐，四岁入村学，七岁就能写诗，八岁就能作赋，人称神童。他十五岁时攻读经史，熙宁九年（1076年）登进士榜。他一生立志著书立说，曾在许多地方讲学，备受大家的欢迎。居家时，他长期在含云寺和龟山书院中潜心写作。

有一年，杨时赴浏阳县令途中，不辞辛劳，绕道洛阳拜在程颐门下，以求在学问上进一步深造。有一天，杨时与他的学友游酢对某个问题有不同看法，为了求得正确答案，他们一起去老师家请教。时值隆冬，天寒地冻，浓云密布。行至半途，朔风凛凛，瑞雪霏霏，冷飕飕的寒风肆无忌惮地灌进领口，他们来到程颐家时，适逢先生坐在炉旁打坐养神。他们不敢打扰，就恭恭敬敬侍立在门外，等候先生醒来。这时，远山如玉簇，树林如银妆，房屋也披上了洁白的素装。杨时的一只脚冻僵了，冷得发抖，但依然恭敬侍立。过了良久，程颐一觉醒来，从窗口看见侍立在风雪中的杨、时二人，只见他们通身披雪，脚下的积雪已一尺①多厚了，赶忙起身迎他们进屋。

▶ **教学目标**

知识目标：了解我国礼仪的形成和发展，理解礼仪的作用。

能力目标：掌握礼仪的相关概念及其之间的关系。

素养目标：让学生进一步认识礼仪、了解礼仪，对学习礼仪知识产生兴趣。

---

① 1尺 ≈ 0.33米。

知其一　礼仪内涵与特点

走进礼堂

中华传统传承不息

一、礼的起源

中华民族在历史长河中创造了灿烂的文化，形成了高尚的道德准则和完整的礼仪规范，有"文明古国，礼仪之邦"的美称。中国人也以彬彬有礼的风貌著称于世。礼仪作为中华传统文化的重要组成部分，对中国社会历史发展有广泛深远的影响，其内容十分丰富。礼仪涉及的范围十分广泛，几乎渗透社会的各个方面。礼仪究竟从何而来？自古以来，人们做过各种探讨，归纳起来，其大体有以下几种起源。

（1）天神生礼仪。

（2）礼为天地人的统一体。

（3）礼产生于人的自然本性。

（4）礼为人性和环境矛盾的产物。

（5）礼生于理，起于俗。

二、礼的发展

1. 萌芽时期

原始社会时期：山顶洞人用动物骨头作为装饰，往死人身上撒。

2. 革创时期

新石器时期、半坡遗址、仰韶文化：尊卑有序，男女有别。

3. 形成时期

青铜时期：原始社会解体，向奴隶社会过渡。

《周礼》的产生（图1-1）将人们的行为举止规范起来，要求人们依礼而行。

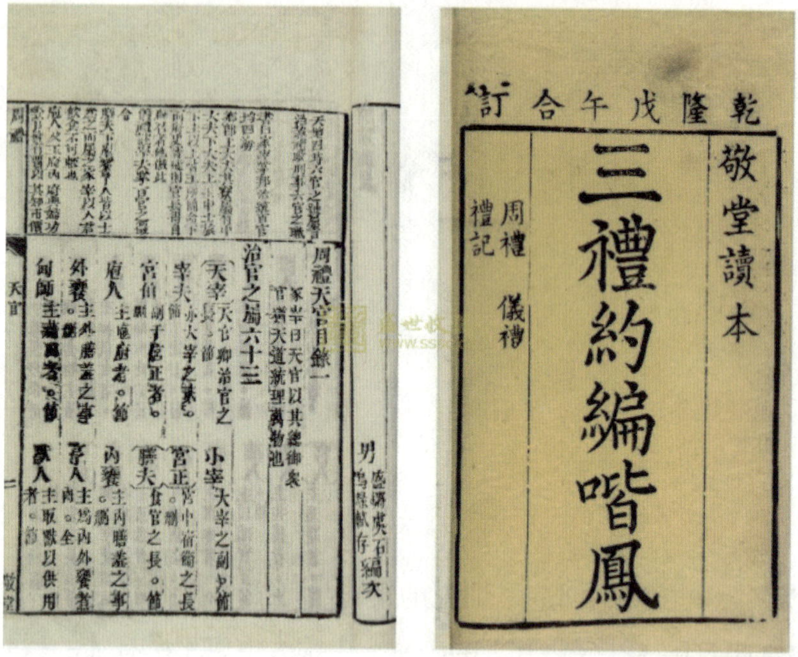

图1-1 《周礼》的产生

4. 发展变革时期

西周末期出现了所谓"礼崩乐坏"的局面。相继涌现出孔子、孟子等圣人，发展并革新了礼仪理论。孔子认为"不学礼，无以立"，建议大家做到"非礼勿视，非礼勿听，非礼勿动"，即阐述了礼仪的本质与功能，要求人们规范、约束自己的行为，所以他是主张以礼治国的最有代表性的人物。古礼的内涵分为两方面：一方面是典章制度；另一方面是社会一切人的行为和举止规范，这是典章在具体实施过程中的具体表现。

5. 强化、衰落时期（唐代、宋代、明代、清代）

秦始皇统一中国，建立了中国历史上第一个封建王朝，这成为延续两千多年的封建政权的基础。在汉代、唐代、宋代，礼仪研究硕果累累。在宋代时，家庭礼仪不断发展，主要代表人物有司马光、朱熹等；在明代时，交友之礼完善，忠孝节义等礼仪日趋繁多。

清代后期，古代礼仪盛极而衰。随后，西方礼仪逐渐传入。

6. 现代礼仪形成（民国时期）

在民国时期，教育逐渐普及，废除祭孔读经；改易陋俗，包括剪辫子、禁缠足等，从而正式拉开现代礼仪的帷幕。同时，由西方传入中国的握手礼开始流行于上层社会，后逐渐普及民间。

7. 当代礼仪时期（中华人民共和国成立至今）

自中华人民共和国成立以来，中国的礼仪建设进入一个崭新的历史时期，摒弃了昔日束缚人们的"神权天命""三从四德"等封建礼教，确立了同志式的合作互助关系与男女平等的新型社会关系。而尊老爱幼、讲究信义、以诚待人、先人后己、等传统礼仪中的精华得到了继承和发扬。从推行文明礼貌用语到积极树立行业新风，各行各业的礼仪规范纷纷出台，岗位培训、礼仪教育日趋红火，讲文明、懂礼貌蔚然成风。广阔的大地上再度兴起礼仪文化热，具有优良文化传统的中国人民掀起了精神文明建设的新高潮。

学习礼规

一、礼仪的内涵

1. 礼的含义

在历史上，礼的本意是敬神和表示敬神而举行的各种仪式。《说文解字》中对礼的解释是"礼，履也，所以事神致福也"。后来，礼成为维护封建统治的基本制度和规范。

2. 仪的含义

仪指的是礼的仪式和仪节。仪由礼而生，又要合乎礼的规范。

3. 礼仪的含义

现在的礼仪是指一种待人接物的行为规范，也是交往的艺术。它是人们在社会交往中由于受历史传统、风俗习惯、宗教信仰、时代潮流等因素的影响而形成的，既被人们认同，又被人们遵守，是以建立和谐关系为目的的各种符合交往要求的行为准则和规范的总和。

对于个人来说，礼仪是思想道德水平、文化修养、交际能力的外在表现；对于社会来说，礼仪是一个国家社会文明程度、道德风尚和生活习惯的表现。

礼仪不仅是立身处事之本，也是一门待人的学问。每个人只要置身社会，无论是从政还是经商、日常工作还是出入重要场合，均离不开礼仪。

二、礼仪的特点

在当今社会，国家有大小之分，人口有多寡之别，社会形态也各不相同，但有一点是相同的，即文明民族都很注重礼仪。在社会生活中，人们往往把讲礼仪作为一个国家和民族文明程度的重要标志，对于个人而言，礼仪则是可以衡量道德水准与教养，它具有以下几个特征。

1. 普遍性和广泛性

礼仪与人类的生存、发展息息相关，它可以从人们的音容笑貌、言行举止中反映出来。

2. 传承性和发展性

礼仪的形成本身是一种动态发展的过程，是在风俗和传统变化中形成的一种行为规范。它以传统文化为核心，将人们在相互交往中形成的习惯、准则沿袭下来，并随着社会的发展不断地流传。随着社会交往范围的扩大，各国的礼仪文化之间互相渗透，尤其是在西方礼仪文化进入中国后，使中华礼仪在保持传统特色的基础上发生了更文明、更便捷、更实用的变化。

3. 国际性和规范性

随着国际交往的日益频繁，各国的传统风俗交汇相融，逐渐形成了大家都能接受的、经常使用的、规范化的国际礼仪。同时，由于不同的国家有各自的传统文化背景，各自的礼仪都带有鲜明的特色。

4. 实用性和多样性

礼貌礼节在现实生活中非常实用且有效，如点头、微笑、挥手致意等，是人们在交往过程中简单实用的交际手段。虽然旅游者来自不同的国家和地区，民族、信仰、年龄、性别、职业、爱好、性格等各不相同，旅游动机、旅游需求也有所不同，但都希望得到优质的服务，由此便使旅游服务的内容变得十分复杂。所以，旅游服务人员在接待服务过程中应具备较强的应变能力和适应能力，为旅游者提供优质的服务。

用礼践行

一、礼仪规范的表现

1. 礼貌

礼貌是人们在交往时，相互表示谦虚恭敬和友好的言行规范。它不仅体现了人们所处时代的风尚与道德水准，还体现了人们的文化层次和文明程度。礼貌是待人接物时的外在表现，人们可以通过仪表仪容、言谈举止、表情服饰等来表示对别人的尊重和友好，这在日常生活中随处可见。

2. 礼节

礼节是人们在日常生活特别是在交际场合中相互表示尊敬、问候、祝颂、慰问、哀悼，以及给予必要的协助与照料的惯用形式。礼节是礼貌的具体表现，是礼貌在仪表、仪容、仪态及语言、行为等方面的具体要求。

3. 礼宾

礼宾是在外事活动、旅游接待、人际交往过程中，为表示敬意，主方根据客方人员的身份、地位、级别等给予相应的接待规格和待遇。礼宾通常称为礼遇。礼宾强调继承性与发展性的结合，在不同时代及不同环境中有不同的内容和要求。

二、几个概念的区别与联系

礼仪是礼貌、礼节、仪式的统称，它们都是人们在交往中相互表示尊重友好的行为，相互联系，相辅相成。三者各有自身的含义和独特要求。

1. 礼貌与礼节

礼貌侧重强调个人的道德品质，而礼节强调的就是这种品质的外在表现形式，人若有礼貌而不懂礼节就容易失礼。讲礼貌、懂礼节是人的内在品质与外在形式的统一。

2. 礼仪与礼节

礼仪的文化内涵相对较深，它侧重强调的是在社会交往中，人们在礼遇规格、礼宾次序等方面应遵循的行为规范，多用于较大规模的活动或较为隆重的场合。礼节出现在礼仪之前，由于最初社交活动规模小，较为简单，后来变得越来越复杂，形成了约定俗成的礼节程序，而礼仪也就自然从礼节中游离出来了。因此，礼节是礼仪的基础，礼仪是程序化的礼节。

传而有礼

古成人礼——"冠礼""笄（jī）礼"

冠（笄）之礼是我国汉族传统的成人仪礼，是汉族重要的人文遗产，在历史上，它对于个体成员成长的激励和鼓舞作用非常大。

冠礼是古代嘉礼的一种，为汉族男子的成年礼。成年礼起源于原始社会，表示男女青年到了一定年龄，身体已经发育成熟，可以结婚了，且从此可以作为氏族中的成年人参加各项活动。成年礼（也称为成丁礼）需要由氏族长辈依据传统为青年成人举行特定的仪式。

笄礼，是中国汉族女性的成年礼，属于古代嘉礼的一种，俗称"上头""上头礼"。笄，即簪子。笄礼作为女性的成人礼，像男性的冠礼一样，也是表示成人的仪式。《礼记·杂记》："女子十有五年许嫁，笄而字。"古时，女子十五岁便成人。自周代起，女子年过十五岁，如已许嫁，需要举行笄礼，即将发辫盘至头顶，用簪子插住，以示成年及身有所属。如年过二十而未许嫁，也得举行笄礼。此时，主行笄礼者为女性家长，由约请的女宾为少女加笄，表示其已成年，可以结婚了。

堂下固礼

1. 说一说你对礼貌、礼节、礼仪的理解，并结合生活中的所见所闻，讲一讲礼貌、礼节、礼仪各是什么。

2. 谈一谈你心目中的礼仪典范。

知其二　礼仪原则与功用

走进礼堂

人生正如一条充满变数的河流，其中有一道又一道的防线，而这些防线就是原则，若不越过它，我们就可以安全、顺利地渡过。但如果我们尝试或者直接越过防线，就可能会面对不可预料的事情。任何事情都有其特有的原则，礼仪亦是如此。因此，以原则为基准，我们可以更好地学习和应用礼仪。

学习礼规

一、礼仪的原则

文明是尺子

1. 真诚尊重原则

社会交往中，我们所面对的对象是广泛而多层次的，礼仪是表达态度与情感的具体形式。施礼者必须真诚待人，尊重对方，表现出来的情绪与内心想法应当是一致的。因为任何虚情假意、矫揉造作的行为都会令人生厌。如果违背了美学原则，礼仪也就失去了作用。

2. 平等适度原则

待人礼仪的一致性体现在对所面对的对象可以一视同仁、以礼相待，不以自我为中心，不厚此薄彼、目中无人，更不能以貌取人。在与人交往时，我们既要做到彬彬有礼，谦虚待人，又不能低三下四，妄自菲薄，要把握好行为的尺度。

3. 守信宽容原则

要"言必信，行必果"，要将语言落实到实际行动中，做到言行一致，信守承诺。对于他人的行为或与自己的不同意见应宽容和包容，不斤斤计较，学会换位思考，多理解对方。

4. 修身自律原则

礼仪规范是一种约定俗成的社会习俗，是对某些社会生活习惯的抽象和归纳，在很大程度上需要人们自我约束和自我养成，因此，大家需要自觉树立道德信念和行为修养准则，自觉遵守礼仪规范，并以此为动力，不断提高自身的素质。

二、礼仪的功用

礼仪之所以被提倡，还能够得到社会各界的普遍重视，主要是因为它具有多重重要的作用，既有助于个人，又有助于社会。

1. 有助于提高人们的自身修养

在人际交往过程中，礼仪不仅反映了一个人的交际技巧与应变能力，还反映了一个人的气质、阅历、道德和精神风貌。通过观察一个人对礼仪运用的程度，可以得知其教养水平、文明程度和道德水准情况。由此可见，学习并运用礼仪有助于提高个人修养，也有助于"用高尚的精神塑造人"，可以真正提高文明程度。

2. 有助于促进人们的社会交往，并改善人际关系

古人认为："世事洞明皆学问，人情练达即文章。"这句话表明了交往的重要性。一个人只要与其他人打交道，就不能不讲礼仪。运用礼仪，除了可以使个人在交往活动中充满自信，处变不惊之外，还能够更好地向交往对象表达自己的尊重、敬佩、与善意，从而促进彼此的了解。

3. 有助于净化社会风气（图1-2）并推进社会主义精神文明建设

当前，我国正在大力推进社会主义精神文明建设，其中的一项重要内容就是要求全体社会成员讲文明、讲礼貌、讲卫生、讲秩序、讲道德，做到心灵美、语言美、行为美、环境美。因此，学习并运用礼仪，可以与推进社会主义精神文明建设相互促进。

图1-2 净化社会风气

用礼践行

礼仪的功能与原则时刻表现和应用在实际生活、工作和日常交往中。若将这些准则作为我们在与人交往时的一种约束条件，人们的交往会更加顺畅。

一、白金法则

白金法则即"别人希望让你如何对待他，你就如何对待他"，其本质是以对方为中心，满足他们的需求，为他们创造价值。

白金法则的三个要点：

（1）行为合法，不能对方要什么就给什么，做人、做事都需要有底线。

（2）交往应以对方为中心，只要对方的需求合理，我们就应尽量满足。

（3）对方的需求是基本的标准，而不能以自己的想法和意愿为核心。

二、三A法则

"三A法则"有助于建立和谐的人际关系。

（1）第一个A：Accept，意为接受对方，在社交过程中，我们应该发自内心接受对方。

（2）第二个A：Appreciate，意为重视对方，在接受交往对象后，我们必须重视交往对象，且应当重视交往对象的优点，而不是缺点。

（3）第三个A：Admire，意为赞美对方，在赞美时要实事求是，我们要赞美别人的长处。

三、首因效应

首因效应是由美国心理学家洛钦斯首先提出的，其是指人们在交往过程中给别人留下的第一印象十分重要，对后期印象的形成有很大的影响。最初形成的印象会对人们以后的行为活动产生影响，并在对方的头脑中占据主导地位。

四、亲和效应

在交往过程中，人们往往会因为彼此之间存在着某种共同之处或者相似之处，从而感到彼此更加容易接近。这种接近会使双方萌生亲切感，进而促使双方进一步交往，即亲和效应。

（1）要注意微笑。微笑能够化解对方的不信任，迅速拉近双方的距离；同时，其也是自信的表现，体现了对别人的尊重。

（2）要亲切地与别人打招呼。对于陌生人来说，建立和谐人际关系的一个重要方法就是注重礼仪。

（3）要有眼神交流。如果低着头，会显得缺乏自信；而眼睛乱瞟，则会显得傲慢或过于随便。因此，在与人交往时，一定要进行眼神交流。

传而有礼

爱人者，人恒爱之；敬人者，人恒敬之

孟子曰："君子所以异于人者，以其存心也。君子以仁存心，以礼存心。仁者爱人，有礼者敬人。爱人者，人恒爱之；敬人者，人恒敬之。"这几句话的意思是：君子与一般人不同的地方在于，他内心所怀的念头不同。君子内心所怀之念是仁、是礼。仁爱的人爱别人，礼让的人尊敬别人。爱别人的人，别人也会爱他；尊敬别人的人，别人也会尊敬他。尊敬是礼仪的核心体现，在社会中，你的付出会有回报的。这就是规则。规则在大多数时候对大多数人是平等的，所以你对别人的尊重会在别人心中留下美好的印象。随后，他们亦会如你对待他们那般对待你。

堂下固礼

1. 我们在日常生活中应遵守的礼仪原则有哪些？
2. 请分析以下案例。

公元前592年，齐国国君齐顷公在朝堂上接见晋国、鲁国、卫国和曹国派来的使臣。各国使臣都带来了墨玉、币帛等贵重礼品，要献给齐顷公。在使臣们献礼的时候，齐顷公向下一看，只见晋国的亚卿郁克只有一只眼睛，鲁国的上卿没有头发，卫国的上卿孙良夫脚不方便，而曹国的大夫公子首有些驼背，不禁暗自发笑：四国使臣都有缺陷。

当晚，齐顷公见到自己的母亲萧夫人，便把白天看到的四位使臣的外貌当作笑

话说给她听。萧夫人一听便乐了，执意要亲眼见识一下这些人。正好，第二天是齐顷公设宴招待各国使臣的日子，他便答应让萧夫人届时躲在帷帐的后面观看。第二天，当四国使臣的车子一起到达，众人依次入厅时，萧夫人掀开帷帐向外望，一看到四位使臣便忍不住大笑起来。她的随从也个个笑得前仰后合。笑声惊动了众使臣，而当他们弄明白原来是齐顷公为了让母亲开心，特意做出这样的安排时，个个怒不可遏，最后不辞而别。四国使臣约定各自回国请兵伐齐，一洗在齐国所受之辱。四年后，四国联合起来讨伐齐国，齐国因为不敌而大败。齐顷公只得派人前去讲和。这便是春秋时著名的"鞍之战"。

请试从礼仪的角度分析这次战争的起因。

知礼篇　礼仪从识礼开启——礼貌礼节知识

主题 2　和谐社会 礼仪当先

在杭州亚运会上展现中国风范

导学悟礼

2023年9月,人们期盼已久的第十九届亚运会在素有人间天堂之誉的杭州如期举行,举国关注、举世瞩目。本届亚运会是一场向世界展示和传播中国文化的盛会,我们以美丽、文明、友善的姿态向世界讲述"中国故事",展现"中国力量",传播"中国温度"。

亚运会中有蕴含浓浓中国风的亚运形象元素、名为"星耀"的中国代表团礼服、以杭州山水为主题的"湖山"奖牌、由丝绸元素构成的"润泽"核心图形等,将中国文化表现得淋漓尽致;亚运会中有无数的志愿者活跃在赛场内外,他们用阳光的笑脸、贴心的服务奔赴这场让人震撼的青春之约,在会场内外诠释"文明与和谐",为这场盛会保驾护航。这些无一不是我们文化自信与文明的表现。我们用特有的方式欢迎五湖四海的来宾,用友好与自信与世界对话,用青春激扬传递中国温度,用众志成城向世界展现中国的繁荣与和谐,让全世界的友人从多种角度看到了真实、文明、和谐、立体的中国。

▶ **教学目标**

知识目标:进一步了解礼仪在当今社会的重要性和必要性。

能力目标:让礼仪成为自我约束、自我管理的标尺,养成良好习惯,遵守社会公德。

素养目标:让学生学习礼仪,做有社会公德的人、有职业道德的人,让文明成为习惯。

知其一　礼仪是道德的基石并由实践养成

走进礼堂

"人讲礼仪为先，树讲枝叶为源。"这句话的意思是在人的礼貌中，礼节很重要；在树枝上，叶子是根本，学艺之前要先学礼。

学习礼规

一、礼仪是道德的基石

（一）礼仪是社会公德的基本表现形式

1. 社会公德

社会公德是指在社会、国家中用来调整人们之间相互关系，且在日常生活中应当遵守并得到社会公认的最基本、最简单的行为规范和准则，也是对人的伦理道德规范和要求，它涵盖了人与人、人与社会、人与自然之间的关系。而礼仪则是社会公德的基本表现形式。随着生活范围的不断扩大，人们之间的交往日益频繁，社会公德的作用也更加突出，成为个人道德修养和社会文明程度的重要标志。

2. 社会公德与礼仪的关系

社会公德是礼仪的基础，没有道德规范的礼仪是无本之木，无源之水。行为心表，言为心声，只有有道德、有修养、有文化的人，才能知书达理、尊重别人、尊重自己，遵守并维护社会公德，成为知礼之人。

社会公德是通过礼仪这一人与人交往过程中的具体形式表现出来的，并以此来协调人际关系。

拥有丰富的礼仪知识是一个人具有良好社会公德的基础。

3.遵守社会公德的表现

（1）热爱祖国，在任何情况下，都要维护国家尊严，捍卫国家利益。

（2）遵守法律，没有法律意识的人就没有现代文明意识。

（3）保护弱者，尊老爱幼。

（4）遵守秩序，教养表现在细节中，细节体现了素质。

（5）为人要有诚信，这是中华民族的传统美德。

（6）保护环境，爱环境就是爱我们自己。

（7）讲究卫生，这不仅是私德，也是公德。

（二）礼仪是职业道德的重要表现

社会核心主义价值观

1.职业道德

职业道德指在职业范围内形成的比较稳定的道德观念、行为规范和习俗的总和，而讲究职业礼仪是一个人遵守职业道德的重要表现。

2.礼仪与职业道德的关系

礼仪是职业道德最直接的表现；礼仪有助于提升职业道德，为对方提供优质服务。当前，各行业市场竞争激烈，服务质量是行业竞争的重要方面之一。行业的生存与发展、声誉与效益、市场与客源，靠的是向对方提供全方位的优质服务。优质的服务应包括一流的设备条件和一流的服务水平，即"人无我有，人有我优"的服务项目，以及热情友好、真诚和蔼的服务态度、宾客至上的服务精神、精湛的服务技能、最高的服务效率等。相关研究表明，在硬件相当的条件下，影响优质服务的主要因素是服务态度，可以使服务对象从优质的服务中得到尊重和亲切之感。所以，讲究礼貌礼节是为人们提供优质服务的关键，更是拥有良好职业道德的表现。

（三）礼仪是家庭美德的重要组成部分

1.家庭美德

家庭美德是指家庭成员之间或与有血缘关系的亲属之间的行为规范的总和。

2.礼仪与家庭美德的关系

礼仪规范是家庭和睦美满的重要保证。要做到尊老爱幼、男女平等、夫妻和睦、勤俭持家、邻里团结等。

二、礼仪由实践养成

礼仪是一个人有修养的表现，是人在政治、思想、道德品质和知识技能等方面，经过长期实践锻炼和培养所达到的水平。正所谓"玉不琢，不成器"。可见，素质不是与生俱来的，主要依靠后天长期有意识地学习、磨炼、实践逐步积累而形成。

（一）善于学习是前提

1. 努力学习礼仪相关知识，使自己博闻多识

人们懂得的礼仪知识越广博、越深入，在社会交往和工作时，就越能应对自如，为对方所接受。作为"礼仪之邦"，我国的各种典籍中都有丰富的礼仪知识。因此，加强对礼仪知识的学习，对提升自己的修养十分有必要。

2. 广泛涉猎科学文化艺术知识，使自己知识丰富

人们必须懂得更多的科学文化知识，接触更多的高雅艺术，这是提高自身修养和人际交往的需要。这样才能思考问题周密，分析问题透彻，处理问题得当，欣赏水平高，能注重自己的仪表仪容，在与人交往时便可显示出独特的魅力。相反，科学文化知识少的人往往在与人交往时给人以浅薄的印象。因此，若要把自己培养成一个懂礼仪的人，一定要努力学习各种文化和艺术知识。

3. 自觉加强思想道德修养，打下礼貌修养的基础

一个人有了思想道德素养，就会规范自己的行为，让自己有礼貌。一个对职业充满敬重与热爱，有着强烈责任感与事业心的人，一定想方设法为别人提供最佳服务；一个完全出自内心深处尊重别人，热情诚恳、道德高尚的人，与人交往时的态度也一定是真诚、表里如一的，全心全意地为对方着想。因此，我们要礼貌待人，不做表面文章。若要做到这一点，大家就必须以高度的思想道德修养为基础。

当然，善于学习不仅包括学习书本的理论，还包括向讲文明礼貌的人学习，不断充实自己。

（二）勇于实践是根本

人们在养成礼貌修养的过程中，善于学习只是强化了礼貌修养的意识及其基础，关键在于实践。离开了实践，礼貌修养就是"纸上谈兵"，是无法实现的。

知礼篇　礼仪从识礼开启——礼貌礼节知识

若想提高礼仪修养，要以主动、积极的态度面对问题，坚持理论联系实际，把自己学到的礼仪知识应用于社会生活实践的各个方面，要在学校、家庭、社交、职业岗位等场合中，自觉地从大处着眼和从小处着手，从现在做起，以礼仪的准则来规范自己的言谈举止。提高礼貌修养，就要多实践，不要怕出"洋相"，也不要自卑，通过与各种人接触，不断练习。

（三）严于律己是关键

自律是指自己提出要求并自觉遵守执行，以"严"为本。它的核心原则是自觉，即在无人监督时也能严格要求自己。自律是修养的最高境界。

总之，礼貌礼节素养的养成是一个自我认识、自我养成、自我提高的长期过程，必然涉及人们的思想与道德、认识与情感、意志与行为等诸多方面。为了实现这个目标，我们必须善于学习、勤于实践、严于律己并坚持下去。

用礼践行

一、遵守公共秩序

公共秩序也称位"社会秩序"，是为维护公共场所秩序而存在的。由法律、行政法规，国家机关、企业事业单位和社会团体的规章制度等确定。其主要包括社会管理秩序、生产秩序、工作秩序、交通秩序和公共场所秩序等。遵守公共秩序是人们的基本义务。公共秩序关系着人们的生活质量，也关系着社会的文明程度。

（1）公共秩序是人们在公共场所应该遵守的纪律，每个人应知道了解并遵守。

（2）公共场所需要良好的公共秩序，每个人都应该自觉遵守。

（3）在公共场所要遵守公共秩序，每个人发现不遵守公共秩序的行为可礼貌劝阻。

二、爱护公共财物

（1）公共财物是共同财富，需要大家共同维护。

（2）不私自挪用公共财物。

（3）不浪费、不损坏、不盗窃公共财物。

（4）爱护公共财物要从小事做起、从身边的事做起。

三、尊老爱幼

尊老爱幼是中华民族的传统美德，是先辈传下来的宝贵精神财富。在我们源远流长、博大精深的传统文化中，重视人伦道德、讲究家庭和睦是中华民族传统文化中的精华，也是中华民族强大凝聚力与亲和力的具体表现。

四、守时践约

（1）约定的时间一定遵守。对于约定的聚会或社会交往活动，应当准时到达，如果不能按时到达，应提前通知对方，以便让其另作安排。这不仅是为了讲究个人信用，也是尊重交往对象的表现。

（2）不要提前赴会，在主人还没有准备好的情况下赴会不仅是对主人的不尊重，也会使自己陷入尴尬的境地。

（3）与人交往时要言而有信，答应的事要认真做，不管有什么困难，都应尽力完成，如果没有能力做到，就不要随便答应，不能因为要面子或争强好胜勉强答应别人的请求，因为若是答应了又办不到，比不接受别人的请求更失礼。

五、待客周道

每个人必须礼貌待客。礼貌待客指的是要对客人尊重且态度友好，应做到以下几点：

（1）在外表上，要给人以稳重、大方的感觉，做到服饰整洁、挺括；仪容端庄、俊秀。

（2）在行动上，要表现出不卑不亢，落落大方，站、坐、走以及手势等要合乎规范，做到端庄稳重、自然亲切。

（3）在态度上，要和蔼可亲、热情好客，表情要真切。

（4）在语言上，要谈吐文雅、表达得体。做到语音标准、音质甜润、音量适中、语调婉转、语气诚恳、语速适当。

（5）在接待客人时，要彬彬有礼，不可怠慢。

知礼篇　礼仪从识礼开启——礼貌礼节知识

传而有礼

　　"孝"字最早出现在三千多年前的殷墟甲骨文中。此字最早见于商代,其古字形像孩子搀扶老人,本义为尽心尽力地奉养父母,引申转指晚辈在尊长去世后要在一定时期内遵守的礼俗,又引申指孝服。后来把"老"字的下半部取消了,就是现在的"孝"字。孝顺这个词语最早记录在《国语·楚语上》中:"勤勉以劝之,孝顺以纳之,忠信以发之,德音以扬之。"

　　孔子曰:"身体发肤,受之父母,不敢毁伤。"这句话的意思就是身体的任何部位都是父母给我们的,每个人都要好好保护。品行端正、照顾年老的父母、顺从父母,这些都是我们做得到的事,都要好好地做。孝,就是孝敬,顺,就是有时老人像个孩子,我们要顺着他们,不做无谓的争吵。不仅希望每个人都能孝顺父母,更希望社会上不再出现伤害父母、不孝的例子。孝顺是中华民族的优良传统,希望孝顺的理念可以永远传承下去。

堂下固礼

1. 礼仪实践养成的方法有哪些,请制定自己的礼仪修养准则。
2. 用自己的话概述礼仪在和谐社会里起到的作用。
3. 请分析以下案例。

　　2007年1月18日,北京市政府将此后每月的11日定为"自觉排队日"。这意味着两人以上就应像"11"一样按顺序排列。排队看似是简单的个人行为,却表现出社会成员的价值认同。

　　请你谈谈对"自觉排队日"的看法。

礼仪从细节完善——个人形象礼仪

学礼篇

古语有云："细微之处见风范，毫厘之优定乾坤。"

细节决定一个人的成败，细微之处尽显人品。那些看似不起眼的行为，往往最能反映出一个人的真实想法。而良好的个人形象是一个人优秀品质的外在表现，我们常说"以貌取人不可取"，但在人与人初识、交往不深的情况下，良好的形象礼仪是获取对方良好第一印象的重要因素，也表现了对别人的尊重。一件衣服、一款发型、一双袜子、一双鞋子都属于细节。万事万物皆以小见大。下面就让我们从完善细节开始，塑造良好的个人形象吧。

学礼篇　礼仪从细节完善——个人形象礼仪

主题 1 仪表有礼 塑造形象

导学悟礼

白天鹅宾馆作为中国最知名的五星级酒店之一，多年来共接待了包括英国女王伊丽莎白二世在内的40多个国家的元首和政府首脑，并于1985年成为中国首家"世界一流酒店组织"成员。那么，就让我们来了解一下这个极具代表性的优秀酒店对员工仪容仪表的规范。

《白天鹅宾馆员工仪容仪表规范》

（1）头发：将头发梳理整齐，不留怪异发型；男员工的头发不盖过耳部，女员工不披头散发。

（2）指甲：勤于修剪指甲，不留长指甲，不涂指甲油。

（3）首饰：不佩戴除结婚戒指以外的饰物上岗。

（4）化妆：男员工不留胡子；女员工只能化淡妆，且要避免使用气味浓烈的化妆品。

（5）服装：服装整齐，佩戴工号牌，保持手套干净；男员工穿深色袜子，女员工穿浅色丝袜。

▶ 教学目标

知识目标：认识个人形象礼仪的重要性。

能力目标：掌握仪容、着装的基本规范，掌握不同场合中的穿搭方法，会化淡妆。

素养目标：塑造良好的个人形象，为提高社会交往能力奠定基础。

主题1 仪表有礼 塑造形象

学其一 仪容礼仪

走进礼堂

仪表,即人的外表,包括容貌、发型、服饰、姿态等方面;仪容,主要是指人的容貌。仪表仪容是一个人精神面貌的综合体现,它与一个人的道德修养、文化水平、审美情趣和文化程度有密切的关系。注重仪表仪容不仅是尊重别人的需要,也是讲礼仪的具体表现。

学习礼规

一、讲究仪容礼仪的重要性

1. 良好的仪表仪容是人际交往中个人基本素质的外在表现

在我们与人交往时,对方获得的第一印象常常来自我们的衣着打扮。整洁、美观,得体的衣服与端庄大方的仪容,既是自尊自爱的表现,也表现出尊重对方之意,在工作中也能塑造敬业、乐业、勤业的形象。

2. 良好的仪表仪容是个人发展的需要

良好的仪表仪容是一个人内在道德修养和文化素养的外在表现。重视自己的形象,可以帮助人们在生活、事业、社会交往中获得更好的发展。良好的仪表仪容不仅代表个人形象,也代表企业形象,甚至代表所处城市和所属国家的形象。

3. 良好的仪表仪容是尊重对方的需要

交往双方在交往过程中着装整洁、精神饱满、大方得体,能令彼此产生信任之感,使心情愉悦、沟通顺畅,从而让交往更加顺利、深入。

4. 良好的仪表仪容是树立企业形象的需要

当前，各行业的竞争十分激烈，作为从业人员，拥有良好的仪表仪容有助于树立企业形象。

总之，良好的仪表仪容，不仅是个人形象的问题，更反映了企业形象。同时，其还反映了一个国家或民族的道德水准、文明程度和精神面貌。所以，我们应该着眼于国家的形象，重视并自身的仪表仪容。

二、仪容礼仪的具体要求

仪容礼仪是指依照礼仪规范与个人条件对仪容进行必要修饰过程，应注意扬长避短，塑造良好的个人形象。

（一）注重仪容卫生

讲究仪容卫生是塑造良好仪容的重要方面，它是仪容美的重要内容，体现了一个人的基本素质和社会的文明程度。其基本要求是整洁、端庄、自然、大方，女士以体现温柔秀丽为宜，男士以体现英俊阳刚为宜。仪容卫生主要体现在头部修饰、面容清洁、手部护理、口腔卫生和身体卫生等方面。

1. 头部修饰

（1）确保整洁。头发要勤于清洗，定期修剪，保证清洁有型、无异味、无头皮屑，且层次清晰，发丝不凌乱。

（2）发型得体。发式是仪容仪表的"头"等大事，得体的发型能增添人的魅力，使人容光焕发，充满朝气。我们应选择朴实、大方、美观、适宜的发型，这样既能给人以整体美的形象，也更加能适合岗位要求和职业特点。

男士头发前不覆额，侧不掩耳，后不及领，不留光头；女士可根据自己的脸型、身高、行业性质选择适合自己的发型，根据工作、场合特点或长发或短发，尽量不佩戴过于夸张的发饰。

2. 面容清洁

（1）面部的清洁。我们在日常交往或工作中应注意面部的清洁与适当的修饰，使自己整洁、清爽，容光焕发，精神饱满。为此，我们应勤洗脸、讲卫生，时刻保持面部洁净。另外，洗脸时还应及时除去眼角的分泌物，不要忘记清洗鼻孔、耳朵和脖子等易被忽视之处。

如果出了汗，应及时用纸巾或手帕擦拭，汗渍满面地面对对方是不礼貌的。同时，在别人面前也不得有擤鼻涕、挖鼻孔、掏耳朵等不雅之举。另外，大家平时还应注意做好皮肤护理工作，尽量避免出现痤疮等。

（2）面部的修饰。人无完人，适当的面部修饰可以让我们看起来更加精神焕发，因此可根据实际情况对面容进行适当的修饰，以展示良好的精神风貌，如男士的胡须要剃净、鼻毛要剪短、鬓角要刮齐，不留小胡子和大鬓角；女士可适当化妆，且以淡妆为宜。

3. 手部护理

人们常说："手是人的第二张脸。"双手的清洁和一个人的文明礼仪形象密切相关，反映了一个人的修养与卫生习惯。大家要随时清洁双手，并经常修剪指甲，保持手指甲的干净整洁。女士不宜留过长的指甲，男士指甲的长度以不超过指尖为宜。

4. 口腔卫生

早晚刷牙，饭后漱口，保持口腔无异味。与人交往时不吃有刺激性味道的食物，如葱、韭菜、大蒜等，应注意口腔卫生，不将食物残渣留在牙齿上，女士还要注意不将口红印残留在牙齿上，也不能当着别人的面嚼口香糖或剔牙，吃东西时应尽量不发出声音。

5. 身体卫生

勤洗澡，勤换衣服，保持身体干净、无异味，不喷有刺激性味道的香水。

（二）打造合适的妆容

1. 化妆的目的

（1）保护。化妆品可以在皮肤外形成一层保护膜以降低皮肤受损伤的程度。

（2）美化。利用色彩来修饰脸型及缺点（黑眼圈、疤痕等），展现人的独特魅力。

（3）礼貌。适当化妆是对别人的尊重，可以使人显得更有精神。

2. 化妆的原则

（1）淡雅。底妆要薄、透、匀，色彩要淡，过渡要自然，面部妆容要柔和、自然、大方。

（2）简洁。淡妆应以简单明了为宜。上妆后，应有妆似无妆，面色红润健康。

（3）避短。巧妙地掩饰自己容貌中的缺陷。

（4）选用适合自己的化妆品。应根据肤色、肤质、所处的场合和自己的身份角色选用化妆品。

3. 化工作妆的步骤

（1）准备。

修眉：常用的修眉方法有拔眉法和剃眉法，在上妆前用剃眉法为宜，即将眉周的杂眉修除干净。

洁面：用温水和洁面产品彻底清洁面部。

护肤：根据皮肤特点选择适合自己的护肤品护理皮肤。

（2）底妆。

涂粉底液：选择比自己肤色略浅的粉底液并均匀薄涂于面部，让面色更健康、白皙。

定妆：选择亚光或带弱珠光的散粉按压在面部，让妆容更持久。

（3）眼妆。

画眉：以眼睛的长度和鼻翼、嘴角为参照确定眉毛的长度，通常用填补法画出长度适中的眉毛，以灰色和深咖色为宜。

眼线：根据眼型，从内眼角至外眼角最后一根睫毛处微微往上画出自然的眼线。

眼影：多使用大地色系，将眼影涂于整个眼窝处，向上、向内涂，颜色越来越浅，有形无边。

（4）腮红。

应根据脸型、肤色、着装确定腮红的颜色，且涂抹范围不宜过大。

（5）唇彩。

可根据着装、季节选择口红颜色，秋冬季以奶茶色为宜，春夏季以浆果色为宜。

4. 工作妆四忌

（1）浓妆艳抹，过于招摇。

（2）当众化妆。在众目睽睽之下化妆是非常失礼的，这样既可能妨碍他人，也是失礼的表现。

（3）以残妆示人。以残妆示人，既有损自身形象，也显得对他人不礼貌。因此，要注意及时进行检查和补妆。补妆时应回避他人，宜在洗手间或无人处进行。

（4）使用他人的化妆品。由于肤色、皮肤敏感度和个人文化修养等方面的差异，每个人使用的化妆品各不相同，而且使用他人的化妆品既不卫生，也不礼貌。

用礼践行

一、不同场合的妆容

1. 宴会妆容

妆容需要更华丽、精致，可选择较为鲜艳的口红、眼影并加涂高光，以显出面部的层次感。

2. 日常妆容

妆容需要简约、自然，以突出自然美为宜，眼影色调要轻柔、自然，口红颜色应柔和。

3. 商务妆容

妆容需要正式、端庄、大方，以大地色眼影为宜，口红颜色宜浅淡，显出成熟、稳重的气质。

4. 派对妆容

妆容需要热情、张扬，选择化烟熏妆，涂色彩艳丽的口红，显出时尚和个性。

二、不同职业的妆容

1. 服务人员

妆容干净、淡雅、大方，有亲和力，唇角上扬，有微笑感。

2. 企业人员

妆容大方、得体、朴实，以单色妆为宜，眉眼唇型平实。

3. 教师

妆容亲切，眉毛、眼睛和唇部线条清晰，不宜太浓。

4. 医护人员

妆容健康、干净、淡雅，给人以亲切感，有妆胜无妆。

学礼篇 礼仪从细节完善——个人形象礼仪

传而有礼

胭脂的由来

胭脂（图2-1），在古语又叫"燕脂""焉支""燕支"，自古以来在东方文化中就是女性美的一种象征。胭脂的历史非常悠久，从已发掘的考古资料中看，湖南长沙马王堆一号汉墓已发现的梳妆奁内就有胭脂等化妆品，墓的年代大约在汉文帝五年（公元前175年）。可见，最迟在秦汉之际，妇女已经开始用胭脂化妆了，但关于胭脂之名的由来，有两种不同说法。

图2-1　胭脂

第一种说法，据五代马缟在《中华古今注》中的记载："胭脂盖起于纣，以红蓝花汁凝为脂，以燕国所生，故曰燕脂。"这句话的意思是在商纣王时期，燕地妇女采用红蓝花叶汁凝结为脂，用以敷面，因为产地在燕国，所以称为"燕脂"。相传商纣王的宠妃妲己也发明了一种桃花妆，即用各种花瓣的汁液凝成脂粉，涂在面颊上。

第二种说法是胭脂起源于匈奴。西汉时期，名将霍去病大败匈奴河西部，迫使匈奴浑邪王率4万人投降汉朝。汉朝取得了对河西走廊的控制，给匈奴以沉重的打击。匈奴妇女们便唱起了一曲哀怨的歌："亡我祁连山，使我牲畜不繁息。失我焉支山，使我嫁妇无颜色。……"对于匈奴妇女而言，丢失了祁连山的牧场，不必过于伤心，因为在别处可以找到新的可以繁育牲畜的牧场；但若丢失了焉支山，她们就无法为出嫁的新娘化妆了。

晋朝崔豹的《古今注》中记载："燕支，叶似蓟，花似蒲公，出西方，土人以染，名为燕支。中国人谓之红蓝，以染粉为面色，谓为燕支粉。"崔豹所说的"西方"，指的就是中国西北的河西走廊，即甘肃省祁连山地区，这个地方在古代就叫"焉支"。

《西河旧事》等书中也记载了焉支山遍生一种叫"红蓝花"的植物,花瓣中含有红、黄两种色素,在石钵中淘去黄汁,便可制成鲜艳的红色颜料。"匈奴嫁妇,采其花,榨其汁,凝为脂,以为饰。"单于的阏氏用这种颜料混合油脂涂抹面颊,让风吹日晒稍显粗糙的面容变得红润起来。后来,匈奴贵族妇女们纷纷效仿,于是,这种颜料逐渐成为当时的主流化妆品。由于这种化妆品和原料红蓝花均来自焉支山,且由匈奴单于的阏氏使用推广,汉朝人便称用其所制成的礼妆品为"焉支",后来演化为燕支、胭脂。

堂下固礼

1. 练习职业淡妆的画法和职业盘发的技巧并熟练掌握。
2. 简述正式场合的着装要求。
3. 请分析以下案例。

一些心理学家做过这样的实验:让一位身着笔挺军服的海军军官,一位戴金丝眼镜、手持文件夹的学者,一位打扮入时的漂亮女士,一位挎着菜篮子、脸色疲惫的中年妇女,一位留着怪异头发、穿着邋遢的男青年同时到路边对过往车辆招手,要求搭车。大家猜一猜,谁的搭车成功率最高,谁可能搭不上车呢?请说说你的理由。

学其二 服饰礼仪

走进礼堂

服饰是指衣着和装饰。它既是一种文化,也是一个国家和民族礼仪的标志之一,代表了时代的进步和观念的更新。人们的服饰不仅要符合身份,还要合乎基本的礼仪,以维护个人及企业的良好形象。

学礼篇　礼仪从细节完善——个人形象礼仪

学习礼规

衣着是人们审美的一个重要方面，人们对一个人的第一印象常常来自其穿衣打扮。

着装的"TPO"原则："TPO"是"Time"（时间）、"Place"（地点）、"Occasion"（场合）三个英文单词的首字母缩写。"TPO"是国际上通用的着装原则，是指人们的穿着打扮要兼顾时间、地点、场合。

（1）T原则：衣着应与时代、季节、一天中的各时段相适应。

（2）P原则：衣着应与所处的场所、地点、环境相适应。

（3）O原则：衣着应与所扮演的社会角色和所处的场合相适应。

用礼践行

一、西装

西装是一种国际性制服，既是礼服，也是正统的公务服。一套合体的西装可以使着装者有清秀之美、挺括之美、形体之美；显得潇洒、精神、风度翩翩，极富魅力。人们常说西装"七分在做，三分在穿"。那么，怎样穿西装才算得体，符合礼仪要求呢？

1. 西装款式

（1）按件数，西装分为单件西装、两件套西装、三件套西装。

（2）按钮扣结构，西装分为单排扣西装、双排扣西装。

（3）按场合，西装分为正装西装、休闲西装。

2. 西装穿着要求

（1）拆除商标、熨烫平整。

在正式穿西装之前，切记先行摘除商标，不要为了显示西装的牌子故意不拆，那样只会让别人觉得尴尬。要让西装看上去美观、大方，就要认真熨烫，使西服平整、挺括，线条笔直。

（2）穿好衬衫。

衬衫领结要挺括、整洁，不能有污垢。衬衫的下摆要塞进裤腰里并系好领口和袖口。衬衫领子与衣袖要分别稍长于西装上装领子与袖子1～2厘米，以显出层次感。

应避免将西服或长袖衬衫的袖子卷起来，或者将衬衫里面的内衣领和袖口外露，这样会显得不伦不类、很不得体。

（3）用好衣袋。

西服上衣两侧的衣袋只作装饰用，左胸部的外衣袋只可放折叠好的装饰手帕或鲜花，其余东西一般不可装入。背心的左胸口可用于插放钢笔。裤袋中应尽量少装物品，以求臀围合适、裤型美观，不可用来插手。

应避免西服外侧口袋中放过于厚重的物品或物品的摆放杂乱无序，以免掏出来时皱皱巴巴的。

（4）系好纽扣。

双排扣西装一般要求把全部纽扣系上。单排三粒纽扣的只系上中间一粒；两粒纽扣的只系上第一粒或"风度扣"，或者全部不系，但不能全系上。

应避免将单排扣西服的纽扣全系上，这样会显拘谨；双排扣西装的纽扣应全部系上，否则便失礼了。

（5）穿好鞋袜。

穿西装一定要搭配皮鞋，而且最好是黑棕色、深咖色的。系鞋带的款式更要正式。皮鞋要上油擦亮。此外，皮鞋的颜色应与皮带的颜色一致。袜子宜配深色，如黑色、深咖啡色等，且要保持整洁、干净。

穿西服时应避免搭配旅游鞋、布鞋、露脚趾的凉鞋，穿白色或色彩鲜艳的袜子，在西服裤腿和袜口间露出腿部的皮肤，这些都是失礼的表现。

（6）用好配饰。

西服的基本配饰是领带、领结、皮带、领带夹、袖扣、手帕。

穿西服前首先要会打领带。西装驳领间的"V"区最为显眼，领带应处在这个部位的中心，且领结要饱满，应与衬衫的领口吻合。领带的长度以系好后大箭头垂到皮带扣处为宜。西装纽扣系上时，领带夹应系在衬衫第二粒纽扣与第三粒纽扣之间为宜；西装敞开时，领带夹系在第四粒与第五粒纽扣之间为宜。领带常见的五大结法为平结、双交叉结、交叉结、双环结及温莎结。

另外，应避免将领带系得过长或过短，或将领带或领结系得松松垮垮。

二、制服

制服是标志一个人从事何种职业的服装，故称为岗位识别服。它是企业管理工作的需要，又是该企业形象的重要标志。其规范化程度要求高。员工穿着醒目的制服不仅便于客人辨认，其也能增强穿着者的职业荣誉感、责任感及可信度。其具体要求是上岗前，工作人员应穿制服，且要整齐、清洁、挺括、大方、美观。

1. 整齐

制服要整齐合身，就要注意"四长""四围"和"四不"。"四长"是指袖长至手腕、衣长至虎口、裤长至脚面、裙长至膝盖；"四围"即指领围以插入一指为宜，裤裙的腰围以插入五指为宜，上衣的胸围、裤裙的臀围以能穿下羊毛衣裤为宜；"四不"指不挽袖卷裤、不漏扣纽扣、不系歪领带和领结、不外露内衣。

2. 清洁

衣裤无污垢、油渍、异味，尤其是领口与袖口要保持干净。

3. 挺括

衣裤均不起皱，穿前烫平，穿后挂好，上衣要平整、裤线要笔挺。工号或标志牌要佩戴在左胸的正上方；有的岗位还要戴好帽子与手套。

4. 大方

制服不论是西服套装（裙）还是旗袍连衣裙，款式应忌领口过低，腹、背过露，裙摆过短，尺寸过窄，面料过透；否则便会显得极不大方，使人感到难堪。

5. 美观

不论何种制服，均应简洁、高雅，线条亦应自然、流畅。

三、饰品

饰品，又称为首饰、饰物，主要有戒指、项链、耳饰、胸花（胸针）等，是人们在衣着打扮时使用的装饰品，在服饰中起到衬托和适当点缀的作用。人们佩戴合适的饰品能表情达意、扬长避短、增加美感。在佩戴饰品时，应遵从"TPO"原则，不仅应符合身份，还应该考虑与服饰的款式、色彩等搭配，避免杂乱、花哨。

1. 戒指

戒指是一种戴在手指上的装饰品，它象征着爱情、幸福、友谊、权利，也暗示着佩戴者的婚姻和择偶情况。我们应根据行业要求选择戴或者不戴戒指。

2. 项链

项链是一种佩戴在脖颈上的装饰品。我们应根据岗位要求选择戴或者不戴，如需要佩戴，则应和自己的年龄及体型协调，也应在款式、色彩等多方面与服饰相配。

3. 耳饰

耳饰是戴在耳朵上的装饰品，不可戴过于张扬的款式。

4. 胸花（胸针）

胸花（胸针）是人们佩戴在上衣左侧胸前或衣领上的一种装饰品，在佩戴时应考虑服装、场合和身份。

在佩戴饰品时，一定要符合自己的身份，并以少为佳，同质同色、风格统一。

四、香水

香水是人际交往中体现个人性格，展现良好素养的标志，也是拉近人与人之间距离的技巧之一。

1. 香水的选择

香水的选择标准为味道清新、淡雅，有亲和力。

2. 香水的使用

涂抹或喷洒在身体某部位，如手腕、颈部、耳后、臂弯等部位，也可喷洒于衣物内侧，以及裙摆、衣领等位置。

传而有礼

中山装的由来

中山装是中国现代服装中的一个大类品种，它具有我国民族的特点，穿着简便、舒适、挺括。中山装是以伟大的革命先行者孙中山的名字命名的一种服装。中山装的形制为立翻领，对襟，前襟五粒纽扣，四个贴袋，袖口有三粒纽扣，后背不破缝。这些形制是有讲究的，根据《易经》中的内容立义。孙中山阐述的该服装的思想和政治含义如下：

（1）四个贴袋：代表"国之四维"，即礼、义、廉、耻。

(2)袋盖：为笔山形，代表重视知识分子。

(3)五粒纽扣和五个贴袋（包括内侧口袋）：表示孙中山先生的五权宪法学说。

(4)四个贴袋上的四粒纽扣：含有人民拥有的四权，即选举权、创制权、罢免权、复决权。

(5)袖口三粒纽扣：表示民族、民生、民权，即三民主义。

(6)翻领封闭式衣领：表示严谨的治国理念。

(7)后背不破：表示国家和平统一之大义。

知识链接

知识链接：西装穿着的"三三规范"

（1）三色：西装总体颜色不能超过三种。

（2）三一定律：鞋、皮带、公文包颜色统一。

（3）三大禁忌：袖口有标签；袜子的颜色及质地与西装不匹配；穿夹克打领带。

堂下固礼

1.针对所学的仪容礼仪知识，对自己的仪容状况进行检查，并记录下不符合要求之处，反思自己是否有良好的卫生习惯。

2.按照校规总结穿校服的礼仪规范要求，与全班同学共同商讨，待达成共识后，再与自己的情况进行逐条对照，找出不符合规范之处并加以改正。

3.针对自己所学的专业收集相关岗位的着装要求，分析这些要求和学校对校服要求的异同。

4.请分析以下案例。

丽丽是昌达贸易公司的业务员，她长得漂亮，穿着时尚，在工作中的主动性非常强，还常常加班，业绩也不错。但来到昌达贸易公司三年了，丽丽却一直没有得到升职的机会，她不明白这是什么原因。丽丽对于流行元素非常敏感，装扮十分性感，每隔一段时间就改变发型，发色也在不断调整，如金黄色、酒红色……总是让同事们眼前一亮，脸上的妆容也变化多端。有着好身材的她，紧身衣、透视装、露脐装、低腰裤轮流换着穿，还不断更换各种小配饰。办公室里的一些男士都觉得丽丽很养眼，经常跟她开玩笑,她也从不发火。注重个人形象的她很喜欢照镜子,常在办公室补妆,若是看到哪位女同事的口红、眼影是自己没有的,一定要缠着别人借来试用一下,看看效果如何。另外,热情、开朗的丽丽与同事和客户交谈时喜欢靠得很近,眼睛一直注视对方,手势也非常丰富,积累了不少客户。与她同时进入昌达贸易公司的陈娟,虽然业绩不如丽丽,却已经升为主管了,而丽丽只是增加了薪酬。很希望在事业上有所发展的丽丽时常感到很困惑:难道我的工作能力不如陈娟?领导为什么不提拔我呢?

想一想:(1)请你帮丽丽分析一下,她为什么没有得到升职的机会?

(2)丽丽应该怎样才能改变只加薪、不升职的现状?

(3)你对丽丽有何建议?

主题 2 仪态有礼 尽显个人魅力

笑迎（赢）天下客

导学悟礼

2008 年，夏季奥运会在我国首都北京举办；2022 年，冬季奥运会同样在北京举办。两次奥运会给所有人印象最深的莫过于 170 万奥运志愿者们的微笑。如果说一个人的微笑是个人的表情，那么千百万人一起微笑就是一座城市、一个国家、一个社会的表情。在鸟巢、水立方，在新闻中心、奥运村、媒体村，在商场前、广场上、大街小巷中随时随处可见奥运志愿者们脸上洋溢着发自内心的微笑。正是这一张张绽放笑容的脸聚成了中国最美的表情，传递了快乐、友好和期待沟通的愿望。

中国用它最美的微笑在赛场上拼搏，中国用它最美的微笑迎战对手，中国用它最美的微笑站在领奖台，中国用它最美的微笑面对国旗升起，中国用它最美的微笑向世界敞开友谊的大门。

▶ **教学目标**

知识目标：学习并掌握各种仪态礼仪规范、动作要领和训练方法；了解使用仪态礼仪时应注意的问题。

能力目标：通过课前自学与小组合作交流的方式，完成导学案；通过学习、实训相结合的方式，学生可以熟练掌握仪态礼仪。

素养目标：养成良好的行为习惯，在人际交往过程中灵活运用规范的仪态礼仪，展现良好的个人形象，提升文化自信。

主题2　仪态有礼 尽显个人魅力

学其一　表情礼仪

走进礼堂

表情主要是指人的面部情态，是人最生动的语言。它可以反映一个人内心的想法。人与人交往时的表情往往会影响到双方的情绪。因此，我们应当以自己积极的表情来面对和感染对方。

在人际交往与沟通中，人的表情很丰富，含义也多种多样。常言道："出门看天气，进门看脸色。"美国心理学家艾伯特·梅拉比安总结出了感情表达公式：

$$感情表达 = 语言（7\%）+ 声音（38\%）+ 表情（55\%）$$

可见，表情在人际思想感情的沟通与交流中占有重要的位置。真诚、亲切、自然、专注、有神的表情，能给对方留下美好而深刻的印象，是优雅风度的重要组成部分。

学习礼规——微笑

微笑面对人生

一、微笑的作用

微笑是人类最富魅力的一种特殊的语言，也是一种感情，可以充分表达尊重、亲切、友善、快乐的情绪。拨动对方的心弦，沟通人们的心灵，可以创造一种和谐融洽的气氛，从而缓解紧张的气氛，架起友谊的桥梁，给人以美好的享受。但微笑不是嘴角上扬就可以产生的，因为没有人喜欢那职业化的微笑，真正的微笑应发自内心，渗透着真实的感情，表里如一。只有毫无装饰的微笑才有感染力，才能作为交往通行证，让人畅通无阻。

二、微笑的基本规范

1. 口眼结合

在笑的艺术修养中，眼睛的表情是关键一环。眼睛具有传神送情的特殊功能，又是心灵的窗户。因此，只有口到、眼到、神色到、笑眼传神，微笑才能真诚、动人。

2. 笑与神、情、气质相结合

这里讲的"神"就是笑得有情，笑出自己的神情、神色、神态，做到情绪饱满，神采奕奕；"情"就是要笑出感情，笑得亲切甜美，表现心灵的美好；"气质"就是要笑出谦恭、稳重、大方、得体的气质。

3. 微笑与语言相结合

微笑与语言都是传播信息的重要符号。只有与语言有机结合，微笑方能发挥它应有的作用。

4. 笑与仪表和举止相结合

端庄的仪表、得体适度的举止是我们在人际交往中不可缺少的气度。以姿助笑、以笑促姿就能形成完整的、统一的、和谐的美。

三、微笑的训练方法

1. 对镜练习法（图2-2）

我们可以对着镜子里的自己练习微笑，这样有助于把握微笑的尺度。

2. 口型练习法

放松面部肌肉，对着镜子，嘴里发出"I""E""七""茄子""钱"等有微笑形态的言语。

3. 工具借助法

将"筷子""吸管"等工具轻咬在口中后，使牙齿微微外露，练习微笑。

图2-2 对镜练习法

4. 情绪回忆法

借助音乐回忆可使自己心情愉悦的人或事,能让微笑自然流露。

5. 他人诱导法

可听他人讲述一些有趣的人或事情来使心情变得愉悦。

用礼践行——微笑

一、社交场合

微笑是表达友好、亲切的重要方式,适时适度的微笑可以缓解紧张感,拉近人们的距离,让交流更加顺畅、愉悦。

二、商务场合

微笑是表达友好、信任、合作的一种重要方式。适时、适度微笑可以缓解紧张的气氛,增加人们之间的信任感和认知度;同时,其也是表达感激和尊重的方式。

三、学习场合

微笑是表达友善、认同、肯定、赞许的一种重要方式,适时、适度的微笑可以拉近师生关系,使双方均可感受到尊重和认可;同时,其也是放松心情的方式之一。

四、服务行业

微笑是对客人热情友好的表示,真诚欢迎、乐于服务的象征,它是一种健康有益的表情。微笑迎客,是服务人员尽职尽责的表现,表达了服务人员对宾客尊重的责任感与主动性,也是服务员实现"宾客至上,优质服务"宗旨的具体表现;微笑可使客人消除初到异地的陌生感、疲劳感、紧张感,进而产生安全感、亲近感和愉悦感。

学习礼规——目光

一、目光的作用

眼神是人们在沟通中最清楚、最正确也最能传神的信号,有"心灵的窗户"之称。在传情达意时,人的眼神往往能反映出其整个内心世界,以及深刻的内涵和多彩的感情世界。

二、基本规范

1. 注视方式(或称为视线)

(1)正视(图2-3):两眼平视向前,注视对方两眼和嘴鼻的"倒三角区",以示尊重。

(2)环视:眼观"六路"(左右、前后、里外),有意识地顾及在场的每个人。

(3)仰视:微抬下颌向上看着对方的面部,以示谦恭和全神贯注。

(4)俯视:从高处或居高临下的地方向下看,适用于身高差比较大,较高的一方采用的目光,头部随着目光注视的方向移动。

图2-3 正视

2. 注视时间

在与人交往时与对方的目光接触的时间,累计应达到整个交谈过程的50%~70%,而在其余时间则可以注视客人脸部以外5~10厘米处或加上适当的体态语言,这样比较自然、有礼貌。

3. 注视区域

(1)公务凝视:注视对方的双眼或双眼与额头之间。

(2)社交凝视:注视对方双眼到唇心的三角区域。

(3)亲密凝视:注视对方双眼到胸部之间的区域。

三、目光运用禁忌

(1)避视:与人打交道时,若目光躲躲闪闪,会给人不大方之感。

（2）扫视：对对方全身上下左右反复打量，使对方有不自在之感。

（3）盯视：若注视时间过长，如超过5秒，尤其是在与异性对视时，便会引起对方尴尬或猜测。

（4）蔑视：用带有嘲讽、轻蔑和不屑的情感看别人，会引起对方的反感。

用礼践行——目光

目光运用的基本要求是真诚专注、亲切自然、明亮有神。

一、真诚专注

（1）当对方来到你的面前时，应采用正视方式的目光，即两眼平视向前，注视对方两眼和嘴的"倒三角区"，以示尊重。在倾听对方讲话时，同样要注意礼貌地正视对方"倒三角区"，这是对别人的谦虚与恭敬。

（2）当几人从不同方向同时走来，并出现在你的面前时，应采用"环视"的目光，即眼观"六路"（左右、前后、里外）。同时，应用"环视"的方式有意识地顾及在场的每个人；又可通过多角度目光的接触，较全面地了解对方的心理反应与需求，以便灵活应变，调整说话方式。

（3）当你参加会议坐着倾听站立者的讲话或坐着聆听站立者的需求时，应采用"仰视"的目光，即微抬下颌向上看着对方的面部，以示谦恭和全神贯注。

二、亲切自然

在家庭生活、工作和社会交往中，要怀有对别人的热爱、关怀之心，并由内而外、自然地从目光中流露出来，嘴角微翘、面带微笑。

三、明亮有神

应充满自信与激情，并自然流露在眼神中，这样才能双目生辉、炯炯有神，给人眼前一亮、充满亲切之感。注意，双目不能疲倦无神、目光呆滞。

传而有礼

微笑的力量

微笑的力量

身处困境时，坦然一笑，是一种豁达；
被人误解时，微微一笑，是一种素养；
受到委屈时，淡然一笑，是一种大度；
感到无奈时，乐观一笑，是一种境界；
遭到批评时，平静一笑，是一种自然；
遇到挫折时，欣然一笑，是一种积极。
脸上随时有微笑，是一种美丽。
微笑就像一缕春风，安抚我们浮躁的心；
微笑就像一束阳光，温暖我们冰冻的心灵，
生活需要微笑，就像植物需要空气和水一样，
愿我们在前行的路上都能收获快乐，
用嘴角上扬的弧度打败生活中的烦恼。

堂下固礼

1. 什么样的微笑才是最美的微笑？
2. 目光注视方式有哪几种？
3. 案例分析。

小王、小张和小李是三位卖报纸的年轻人。他们在不同的地段工作，并且都有独特的营销策略，但只有小李的报纸卖得最好。奇怪的是，小李并没有占据最佳地段。

小王，在人流聚集的黄金地段。但他总是愁眉苦脸地站在那里，当乘车人招手表示想要报纸时，就懒洋洋地递上去，并露出招牌式的苦瓜脸。每逢刮风下雨时，都很难寻觅到他的身影。

小张，没有固定的卖报场所，总是到处奔波，见哪里人多往哪跑，哪里有人要报就去哪。他的脸上没有任何表情，看似很繁忙，但销量总是不尽人如意。

小李，总是固定地站在一个地方，双腿略微分开，以保持他的站姿。为了让客人见到报纸的大标题，他便把报纸放在胸前。小李总是保持微笑，并且经常愉快地向身边的人问好。当有人购买报纸时，他会露出灿烂的笑容，当别人转身离去时，他会大喊"谢谢你，祝你天天快乐！"他报纸的销量是最佳的。

由此可见，小李并没有优越的地理位置，也没有到处奔波，却成为销量最佳的人。请你说一说其中的缘由。

学其二　举止礼仪

走进礼堂

举止礼仪在社会交往活动中，具有自尊、自律、克己，以及向交往对象表示友好的作用。同时，其还具有向交际对象传输某些信息，以及维护交际原则和秩序的作用。

符合规范，得体适度，文明优雅，是对社交举止礼仪的总要求，也是应当注意坚持的原则。

狭义的举止礼仪规范，主要指站姿、坐姿、蹲姿、走姿规范等。广义的举止礼仪规范还应包括下面专门要介绍的体态语、情态语运用规范，以及以后将介绍的在日常工作中和在专门性社交活动中的举止礼仪问题，如敲门、开门、关门、递送名片等。

学习礼规——站姿

站姿是静态的动作，是其他动态美的起点和基础。古人主张"站如松"，这说明正确健美的站姿会给人以精力充沛、积极向上、健康挺拔、优雅舒展的感觉。头正、身直、挺胸、收腹、立腰是站姿的基本要求。当然，由于存在性别差异，男女站姿是有所区别的，即男士讲究稳健，女士讲究优美。

一、标准站姿基本规范

站姿是人们生活交往中的一种最基本的举止。优美而典雅的站姿是举止得体的基础，训练符合礼仪规范的站姿是培养仪态美的起点。

训练标准站姿时，躯干要挺直，即从侧面看，耳、肩、髋、膝与踝应处于一条垂线上，头顶要有一种向上牵引的感觉。头正颈直，嘴角微闭，下颌微收，表示谦恭的态度。目光在平视的基础上微微上扬15°，面部表情应自然、舒朗。接下来，还要挺胸、收腹、立腰，肩向后打开且自然下沉，双手自然下垂。

女士站立时应两腿并拢，双脚自然并拢或成"V"形、"丁"字步站立（图2-4）。男士站立时应双脚打开，与肩同宽（图2-5）。

图2-4　女士标准站姿

图2-5　男士标准站姿

二、站姿禁忌

（1）耸腰勾肩、东倒西歪。
（2）倚墙而立、东歪西靠。
（3）叉腰、抖腿、摇晃，做小动作。
（4）双手插裤袋或双手交叉放在胸前。

用礼践行

一、前腹式

女士右手握左手指关节，虎口相对，双手呈四层叠放置于小腹前，也可以偏向小腹一侧。双腿并拢，双脚并拢或成"V"形、"丁"字步站立（图2-6），以表现出娴静、典雅、大方，给人一种亭亭玉立、楚楚动人的美感。

男士左手握右手手腕，双脚微分或打开，与肩同宽（图2-7）。

图2-6　前腹式（女士）　　图2-7　前腹式（男士）

二、后背式

男士也可双手叠放于身后，双脚打开，表现出男子的刚健、英武、潇洒的风采，力求给人一种阳刚之美（图2-8）。注意，女士不宜使用此种站姿。

图2-8　后背式

学习礼规——坐姿

古人主张"坐如钟"，即坐姿要像钟一样端正。坐姿优雅是文明的表现，既能展现一个人的形态美，又能展现一个人的行为美。规范的坐姿一般要兼顾舒展、角度、深浅三个方面的问题。舒展，即入座前后，手、腿、脚的舒张、活动程度；角度，即坐定后，上身与大腿、大腿与小腿所形成的角度；深浅，即坐下时，臀部与座位所接触面积的大小。

一、坐姿的基本规范

入座与离座：若与他人一起入座，落座时一定要讲究先后顺序，礼让尊长。不论是从哪个方位走来，通常都讲究从座位的左侧入座，从左侧离座，简称"左进左出"。入座时要轻而缓，走到座位前面转身。右脚后退半步，左脚跟上，然后平稳地坐下；女子入座时，要用手把裙子后摆向前拢一下，离座时不要突然跳起，以避免吓到别人；也不要因不注意而弄出声响，或把身边的东西弄到地上。

坐定姿势（图2-9）：使用正确的坐姿会给别人留下端庄稳重的印象。在日常生活中，坐姿可以随意一些，但在重要的场合，通常不应坐满座位，而是坐椅面的三分之二即可。挺直标准的坐姿应为：坐下后，上身正直，头正目平，嘴巴微闭，面带微笑；腰背稍靠椅背。女士两手相交，放在双腿中间；男士双手分开，放在双腿上，双腿自然弯曲，小腿与地面基本垂直，双脚平落地面。对于双膝间的距离，男士以松开一拳为宜，女士以不分开为宜。

图2-9 坐定姿势

二、坐姿禁忌

正式场合一般不翘起二郎腿，让翘起的腿如钟摆似地打秋千也相当难看。另外，交谈时双腿不可抖动，这种小动作会令对方觉得不舒服，也会让人产生情绪不安之感，是很失礼的行为。

用礼践行

坐姿要根据凳面的高低及有无扶手与靠背而定，应注意双手、双腿、双脚的正确摆法（图2-10）。

图 2-10　标准坐姿

一、双手摆法

当椅子有扶手时，双手轻搭或一搭一放；当椅子无扶手时：两手相交或轻握或呈八字形置于腿上或将左手放在左腿上，右手搭在左手的手背上。

二、双腿摆法

当凳高适中时，双腿相靠或稍分，但不能超过肩宽；当凳面低时：双腿并拢，自然倾斜于一方；当凳面高时：一脚略搁于另一腿上，脚尖向下。

三、双脚摆法

脚跟脚尖全靠或一靠一分；也可一前一后（可靠拢也可稍分）或右脚放在左脚外侧。

除上述坐姿外，还可使用"S"形坐姿，即上体与腿同时转向一侧，面向对方，形成优美的"S"形；重叠式坐姿，即双腿膝部靠拢，一脚内收与前腿膝下交叉，两脚一前一后着地，双手稍微交叉于腿上。起立时，右脚应向后收半步，然后站起。离开时，再向前走一步，自然转身退出房间，无论使用哪一种坐姿，都要自然放松，且面带微笑。

学习礼规——走姿

行走是站立姿态的延续。行走时要节奏适中、充满活力，做到"行如风"。

一、走姿的基本规范

（1）正确的走姿（图2-11和图2-12）需轻而稳，且腰要挺，头要抬，肩放松，两眼平视，自然摆臂，双腿靠紧，双脚尽量走在一条直线上。走路时，脚跟应先着地、脚掌后着地。

图2-11　正确的走姿（女士）　　图2-12　正确的走姿（男士）

（2）注意步位与步幅。步位是指两脚下落到地面的位置，男士行走，两脚跟交替前进在一线上，两脚尖稍外展。女士两脚要踏在一条直线上，即走"一字步"，以显优美之姿。步幅是指跨步时两脚间的距离，标准的步幅是本人的一脚之长。步幅大小跟服饰和鞋也有一定关系，如女士穿裙装（特别是穿旗袍、西装裙）和穿高跟鞋时，步幅宜小些。行走的速度也应该不紧不慢，要保持节奏感。

二、走姿禁忌

避免出现低头走路，方向不定，体位失当，大摇大摆，左顾右盼，摇头晃脑，双脚为"外八字"或"内八字"；和很多人一起走路时，或勾肩搭背，或奔跑蹦跳，或大声喊叫等；双手反背与背后或双手插入裤袋等走姿，以免给对方留下不良印象。

用礼践行

遵守行路规则是最基本的礼仪，不能为贪图方便而闯红灯或乱穿马路。此外，还要注意不能一边走路一边吃东西。很多人一起行走时不要并排，更不能勾肩搭背。在与尊长、客人等同行时，应注意顺序。对于单排行进，通常是前为上，后为下；

如果并排行进,通常里(右)为上,外(左)为下;如果三人以上并行,通常以中间为上,以内侧次之,以外侧为下。

上下楼梯时,一般情况下均应靠右侧行走。如果楼梯较宽,并排行走时最多不要超过两人。如果与尊长、客人一同上下楼梯时,出于安全的考虑,上楼时应走在尊长、客人的后边;下楼时应走在尊长、客人的前边。此外,还要注意姿态端正,上体应基本保持正直,还要与前后的人保持一定距离,以相隔两三级台阶为宜。

与客人一起乘电梯时,应注意礼让。当搭乘无人管理的电梯时,一般应"先进后出",当搭乘有人管理的电梯时,应"后进后出"。自己不下电梯时,应尽量不妨碍别人进出。在电梯中,不宜高声谈笑。乘自动扶梯时应自觉靠右侧站,给有急事的人留出一条通道。

进入房间前,一定要先敲门或按门铃,切忌贸然闯入。敲门时,用力要轻,敲两三次即可。开关门时,要用手轻开轻关,不要用身体的其他部位开关门,如用肘顶、用膝拱、用臀撞、用脚踢等。如果与尊长、客人一同进出房门,要注意先后顺序及礼让。如果门朝里开,应先入内,把住门,侧身,再请尊长、客人进入。如果门朝外开,应先打开门,再请尊长、客人进入。

学习礼规——蹲姿

规范的蹲姿(图 2-13 和图 2-14)能给人文明有礼和备受尊重的印象。

图 2-13 规范的蹲姿(男士)

图 2-14 规范的蹲姿(女士)

一、蹲姿的基本规范

下蹲时不要翘臀,特别是女士,在穿裙装下蹲时更要注意,应保持上身直立,略低头。女士应用一只手来遮挡领口，避免走光，还要将双腿靠紧；男士可将双腿分开，一腿高、一腿低，屈膝下蹲，起身时应稳重。

二、蹲姿禁忌

不能弯腰曲背、低头翘臀、突然蹲下。尤其是走姿变化成蹲姿的时候，速度过快容易导致阻碍或冲撞。在下蹲时，若背对客人或离客人过近，易撞到。穿裙装的女士在下蹲时若毫无掩饰，容易走光。

用礼践行

半蹲姿：半蹲动作就是向下蹲，将膝盖弯曲，使身体以躯干为轴心，向下蹲。蹲的角度应为膝盖和踝盖成90°，腹肌要持续收紧，臀部要稍微向后移动，头部要向前看，应使头、胸、膝关节在一个角度上，使蹲姿优美，双手可以放在腰部或者前面的膝盖上。当一次动作完成后，恢复站立姿势，然后重复练习。无论采用哪种蹲姿，都要将腿靠紧，臀部向下。

交叉式蹲姿：适合女士着裙装时使用。下蹲时，左脚在前，右脚在后，左脚全脚着地。左脚在上，右脚在下，两腿交叉重叠。右膝由后下方伸向左侧，右脚脚跟抬起，右脚脚掌着地；反之亦可。臀部向下，上身稍前倾，双腿前后靠紧，合力支撑身体。在客人身边蹲下时，要侧身对着客人，双脚合力支撑身体，注意掌握好重心。蹲下时，应用手向前收拢裙摆并及时用一只手遮挡领口。

传而有礼

跪坐（图2-15）是中国古人的传统坐姿，正确的跪坐姿势优雅，体现出中华文明端庄和谦恭的仪态。历史上先秦汉唐的人们身穿宽大飘逸的服装跪坐于地，有一种大气的美感。从"促膝谈心"和"举案齐眉"等成语中也可以看出古人的文化。跪坐不仅体现出一种修养和风韵，从养生角度看，对人体健康也大有益处。所谓"人老先老腿"，跪坐是通过局部远程缺血训练来提升体内血氧含量的，可以改善远端毛细血管的血液循环。跪坐正是因为打通了膝盖上的犊鼻穴，使气血下行至膝盖处，而膝盖中流过的新鲜血液多了，自然就可以润滑膝关节，减少其损伤。另外，中医称膝为筋之府，膝就是筋的房子，而肝又主筋，所以跪坐又是对肝脏有益的动作。

图 2-15　跪坐

堂下固礼

1. 举例说明举止在人际交往中的重要性。

2. 分析：养成教育课是学校里重要的实践活动之一，下周就该轮到你们班当服务班了。假如你是班长，为了可以更好地做到有礼有节，请给同学们提出服务时的建议。

学其三　致意礼仪

走进礼堂

在社会交往过程中，人们免不了要互相打招呼，无论是对相识的人还是初次见面者，这都是一种表达友好、礼貌最常用的见面礼节。打招呼可以增强人与人之间的互动和沟通，让交往更加顺畅、自然，更加有利于接下来的沟通和交流。致意即我们所说的打招呼，它是人与人之间，在相距较远或不宜多说话的场合，用无声的动作表示友好与尊重的一种问候礼节，致意时应诚心诚意，表情要亲切、自然。

学礼篇　礼仪从细节完善——个人形象礼仪

学习礼规

一、致意的分类与基本规范

1. 点头致意

身体要保持正直，两脚跟相靠，双手下垂置于身体两侧或搭放于体前，目视对方，面带微笑，头向前下微低。注意，不宜反复点头，点头的幅度也不必过大。

2. 欠身致意

以腰为轴，上体微前倾小于15°。行礼时应面带微笑注视对方，如果是坐着，欠身时上身微前倾即可，以示尊重。

3. 举手致意

距离较远时，右臂齐耳向上方伸直，掌心向着对方，手指自然并拢，轻轻向左右摆动一两下。距离较近时，右手置于齐耳高度，掌心向着对方，手指自然并拢，轻轻向左右摆动一两下。

4. 注目致意

身体立正站好，挺胸抬头，双手自然下垂放于身体的两侧，表情庄重、严肃，目视行礼对象并随之缓缓移动。

5. 微笑致意

目光注视对方，面带微笑，表示友好与尊重。

二、致意时应注意的问题

（1）应避免目光不注视对方。应避免动作不雅，如挥手时掌心向下，手臂反复摆动，头部频繁点动。

（2）应避免高声叫喊，当对方向自己致意时不能毫无反应。

（3）致意要讲究先后顺序：年轻者先向年长者致意，学生先向老师致意，男士先向女士致意，下级先向上级致意。

（4）致意时，往往可以将两种方式同时使用，如点头与微笑并用，起立与欠身并用等。

用礼践行

（1）在公共场合遇到相识者而双方相距较远时，与相识者在一个场合里多次见面时，与有一面之交或不太相识者在社交场合见面时，均可微笑点头向对方致意。施礼时一般不戴帽子。

（2）别人将你介绍给对方，或是主人向你奉茶时，可用欠身致意的方式表示感谢和尊重。

（3）与距离较远的熟人打招呼，或在车站送别，擦肩而过不需交谈时，可用举手致意来表示。

（4）在升国旗、剪彩揭幕、庆典等比较庄重、正式的活动场所时，可注目致意，不可戴帽子、东张西望、嬉皮笑脸、大声喧哗。

（5）在任何场合，面对任何人打招呼时都应微笑致意。

传而有礼

拱手礼（图2-16）又叫作揖礼，是最具中国特色的见面问候礼节。自西周以来，被人们广泛使用，是我国传统的礼节之一，常在人们相见时使用。《礼记·曲礼上》中记载："遭先生与道，趋而进，正立拱手。"这表示两手握拳，右手抱左手。行礼时，不分尊卑，拱手齐眉，上下加重摇动几下。注意，平辈间可直身行礼，遇见长辈可微躬。目前，其主要用在团拜活动、春节等节日中的相互祝贺环节中，有时也用在订货会、产品鉴定会等业务会议上。

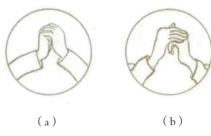

（a）　　　　（b）

图2-16　拱手礼手位图解

（a）男士；（b）女士

堂下固礼

1. 致意的方式有哪些？

2. 分析：某博览会如期而至，小陈是这次博览会服务的志愿者，负责迎接来往的客人。请你想一想，小陈在服务过程中可以使用哪些致意礼节？

学其四　鞠躬礼仪

走进礼堂

鞠躬即弯身行礼，起源于商代，是一种古老而文明的对他人表示尊敬的郑重礼节，至今仍然是我们日常生活中的重要礼节。它既适用于庄严肃穆或喜庆欢乐的仪式，又适用于普通的社交和商务活动场合。

学习礼规

一、鞠躬礼的基本要求

1. 体态

行鞠躬礼前，面对受礼者，隔两三步，需脱帽，呈立正姿势，并拢双脚，面带笑容。

行鞠躬礼时，以髋部为轴，整个腰及肩部向前倾15°～90°（具体的前倾幅度视行礼者对受礼者的尊敬程度而定），身体上部前倾，将头部、颈部、背部保持在一个平面上。

2. 双手

男士鞠躬时（图2-17），双臂下垂，手指并拢，贴于身体两侧；如两脚分开，两臂也可顺着上身动作，手背朝外，垂于体前，演员谢幕时，可如此行礼。女士则手指并拢（图2-18），双手叠搭于腹前，右手盖在左手上。注意，鞠躬时不可将双手背于身后。

图 2-17　男士标准鞠躬礼　　图 2-18　女士标准鞠躬礼

3. 目光

开始行礼时，要注视对方的眼睛。问候之后，应上身前倾、下垂，目光要下移，离开受礼人脸部，最后落在自己脚前。而礼毕，站直时，目光又回到对方面部。

4. 时间

从问候、弯腰到上身恢复原状，持续 2～3 秒就够了。因为时间过长会显得拖沓，时间过短又会让人感到心意不诚。致礼上半身弯下时，可先吸一口气，待动作到位后略停顿，然后慢慢站直。注意，头部不可先行抬起。

5. 回应

互相行鞠躬礼时，地位低者、后辈应先行礼。对于别人的鞠躬致意应及时回应。地位相当者，可回致同样鞠躬，长辈、年老者欠身、拱手或握手作答均可。无动于衷或回礼马虎、潦草，会让别人难堪，是失礼的行为。

6. 语言

行鞠躬礼时要恰当运用语言，可以配以问候语、致谢语、致歉语，应先问候后行礼。

7. 度数

依据敬意程度，鞠躬礼大体分为 15° 鞠躬、30° 鞠躬、45° 鞠躬、90° 鞠躬。

（1）15° 鞠躬：敬意程度稍轻，略高于日常使用的点头致意礼节，常用于一般应酬场合，如问候、介绍、握手、让座等场合。

（2）30° 鞠躬：表示郑重、虔诚的敬意，一般是下级对上级、学生对老师、晚辈对长辈、服务人员对客人使用。

（3）45° 鞠躬：表示郑重、虔诚的谢意、悔恨，一般是用来表达感谢或者表达歉意。浅度、中度鞠躬，只致礼一次即可，不能连续、重复施礼。

（4）90°鞠躬：属于最高礼节，应注意场合和人物慎重使用。敬意程度高，一般应连续致礼3次，如向逝者表示敬意等。

二、鞠躬礼的注意事项

（1）一般情况下，鞠躬需要脱帽。

（2）鞠躬时，不能把手插在口袋里。

（3）鞠躬时，注意目光的运用，目光向下表示谦虚、恭敬的态度，而目光斜视或者翻眼看对方都是不礼貌的。

（4）施礼时，口里不得吸烟或吃东西。

（5）鞠躬的动作不能过快，要稳重、端庄。

（6）受礼者应以与施礼者的上体前倾度大致相同的鞠躬还礼，但是在上级或长者还礼时，不必以鞠躬还礼，可以欠身点头或握手答礼。

用礼践行

鞠躬礼在日本、韩国也很常见，与我国相比，略有区别。在日本，鞠躬礼远比我国更普及，人们见面、告别必鞠躬。15°鞠躬表示致谢，30°鞠躬表示诚恳和歉意，90°鞠躬表示忏悔、改过和谢罪。

在韩国，晚辈、下级路遇长辈或上级时，必先鞠躬、问候，然后退到一旁，让其先行。韩国妇女去别人家做客时，一手提裙，另一手下垂并鞠躬。

在接待这些国家的外宾时要行鞠躬礼，并注意三项礼仪准则。

（1）受鞠躬礼后，应还以鞠躬礼。

（2）地位较低的人要先鞠躬。

（3）地位较低的人鞠躬时要相对深一些。

传而有礼

鞠躬礼（图2-19）起源于中国。商代有一种祭天仪式叫"鞠祭"：不将祭品（猪、牛、羊等）切成块，而先将其整体弯蜷成圆的鞠躬形，再放到祭处奉祭，以此来表达祭祀者的恭敬与虔诚。这种习俗一直保持到现在，不少地区的人逢年过节和祭拜祖宗时，总把整鸡整鸭蜷成圆形，或把猪头、猪尾放在一起，表示头尾相接。这就是从鞠祭演变而来的。在现实生活中，人们逐渐引用这种形式来表达自己对地位崇高的人、长辈等的尊敬，于是弯一弯腰，象征性地表示敬意，这就是"鞠躬"的由来。

在西方，鞠躬礼也是有根可究的。古代强者征服弱者时，弱者为表示服从，须低下头或平伏在地上。后来，鞠躬礼摆脱了服从之意，仅表示尊重和谦恭。

图 2-19　鞠躬礼

堂下固礼

1. 请列举需要使用不同角度鞠躬的场合。
2. 在行礼时，鞠躬礼中目光的运用方法与其他礼节中的有何区别？

学其五　手势礼仪

走进礼堂

手势是指人类用语言中枢建立起来的一套用手掌和手指表达思想和感情的特定语言系统。手势是人体语言中最丰富、最有表现力的体态语言。在日常生活中，人们借助各种手势来表达个人思想和感情。适当地运用手势语，既能增加表达的形象性，又能增强感情的表达。另外，还可以用手势表达欢迎、邀请之意并指引方位。

学习礼规

一、引领手势基本规范（图 2-20）

五指伸直并拢，手掌与小臂呈一条直线，肘关节自然弯曲，掌心向上倾斜，手背与地面成 45°，面部保持亲切的微笑，特别是发出邀请时。手手势应从腹部之前抬起，以肘为轴，轻缓地向一旁摆出，到腰部并与身体正面成 45°时停止，将另一手下垂或背在背后。身体要略微前倾，目光注视对方或邀请指引的方向；这样才可以自然地体现对他人的尊重和礼貌。当动作完成后，不要立即收回微笑，而要继续保持（图 2-21）。

图 2-20　引领手势

图 2-21　保持微笑

二、鼓掌手势基本规范

鼓掌（图 2-22）意在欢迎、欢送、感谢、祝贺、鼓励他人。在鼓掌时，应面带微笑，抬起臂，抬起左手手掌至胸前，掌心向上，用右手除大拇指外的四指轻拍左手中部。

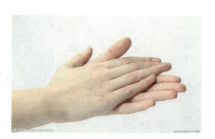
图 2-22　鼓掌

作为一种礼节，鼓掌的时机和持续时间都应当恰到好处。至于掌声的力度与持续时间，则应与气氛相协调为宜，如表示喜悦的心情时，可使掌声热烈些；表达祝贺之时，可使掌声持续的时间久一些。不要给他人"鼓倒掌"，即不要以掌声讽刺、嘲弄他人的失误，因为这种做法有悖于鼓掌的本义。除在某些对抗性较强的体育赛场上外，一般也不要在鼓掌时吼叫、吹口哨、跺脚等。

三、手势禁忌

（1）注意区域性差异。由于文化习俗不同，不同国家、不同地区、不同民族的手势含义也有很大区别，甚至同一手势表达的含义也不相同。只有了解手势的含义，才不会产生误会。

（2）手势不宜过多，动作幅度不宜过大。在运用手势时，切忌"指手画脚"和"手舞足蹈"，这样会给人烦躁不安、心神不定的感觉，甚至让人产生轻佻的感觉。在与人交谈时，如果反复摆弄自己的手指，如活动关节，甚至发出"嘎、嘎"的声响，或者手指头动来动去，都会给人不舒服的感觉。

（3）注意手势的速度和高度。手势过快，会给人带来紧张感，手势过高，超过了头顶，有失端庄大方的仪态，手势最高不能超过耳朵。

（4）手势一定要自然、协调，若使用不当，会给人僵硬、做作的感觉，一定要做到自然、协调、美观。在工作之中，若是将一只手或双手插放在自己的口袋中，不论其姿势是否优雅，通常都是不允许的。

（5）禁用食指示意。在工作中，不能用一个手指指示，尤其是在相互介绍的场合，最忌讳用一个手指指着人向第三方介绍。假如用手指直接指向对方，就更加不礼貌了，甚至会引起对方的反感。此外，一些人习惯性地用手中正在使用的笔指点对方或进行示意，这样也不符合礼仪规范。

（6）用手指人时要注意，不要掌心向下，应水平向上，五指并拢，然后伸直。要记住，掌心向下时指的只能是宠物。

用礼践行

请别人入座时，手势应摆向座位的地方（图2-23）；需要给别人指示较远的方向时应采用直臂式；当左手有物品，需要告诉别人向左走的时候，可以将右手手心朝上，做出引领的动作。

在使用这些引领动作的同时，一般要伴有相应的语言，要使用普通话，声音温柔、有亲和力；注意指引方向，不可以用一根手指头指出，那会显得不礼貌；引领的时候，也不可以使用下巴进

图2-23 请别人入座

行提示；还不可以左顾右盼、心不在焉。

传而有礼

古代手礼种类

1. 稽首礼

稽首礼是古代手礼中最高级、最隆重的礼节，用于古人拜天地，祭鬼神。行稽首礼时，要跪在地上头碰地面，并将这个姿势要保持很久，以示虔诚。

2. 顿首礼

顿首礼是以下对上之礼，当晚辈看望前辈时就需要行顿首礼。行礼时，行礼之人跪下并将双手前拱形成半圆状，向前俯下身子，直至头与心平齐。行顿首礼时，停顿时间稍长表示对前辈十分尊敬。

3. 震动礼

震动礼是一种丧礼，当出席葬礼时，人们将两只手交叉放在胸前，以此表示对死者的哀悼与尊敬。有时要在顿首、跪拜之后哭着跳跃来表示自己的内心极度悲痛。跳跃会使胸腔内震动，因此叫作震动礼。

4. 吉拜礼与凶拜礼

出席喜庆的场合时，需要行吉拜礼。行礼时，男士把左手放在右手上，而女士则把右手放在左手上；当出席沉重凶事的场合时则行凶拜礼，这时做法就完全相反，男士将右手放在左手上，而女士则把左手放在右手上。因此对于男女的左右手，是万万不可颠倒的。

5. 肃拜礼

肃拜礼是九种拜礼中最轻的，也是妇女常用的一种礼节。行礼时，行礼之人跪下，双手叠在一起，放在胸前，头微微向下，但不必碰到手背。这种礼节慢慢演变成清朝的万福礼。

礼仪只是我们的行为规范和准则，它是约定俗成的，所以时代在变化，对于有的礼节，我们应当传承，以敬人律己；而对于那些繁文缛节，该抛弃时就要果断抛弃。

堂下固礼

1. 根据位置，手势可以分为哪些区位？
2. 请分析以下案例。

新入职的欣然被分配到了业务部，她的上司刚刚通知她，明天要请上市公司业务部经理来公司洽谈业务，而对方到达公司后，需要从大门进入，经过公司前台，乘坐电梯上楼后才能到达业务部，需要欣然前去迎接并引领。请问，欣然需要怎样才能有礼有节地把客人请到业务部呢？

学其六　握手礼仪

走进礼堂

握手是大多数国家的人们见面和离别时的礼节，可以说是世界上最通用的礼节。看似简单的握手中却蕴含着复杂的礼仪细节，承载着丰富的交际信息。握手的力量、姿势与时间的长短能够表达出握手对对方的不同礼遇与态度，显露自己的个性，给人留下不同的印象。人们也可通过握手了解对方的个性，从而赢得主动权，为以后的深入交往打下基础。

学习礼规

一、握手礼的基本规范

1. 姿势

握手时应使用右手，即四指并拢，手掌与地面垂直，大拇指伸开，掌心向内，手的高度大致与对方腰部上方持平，彼此之间保持一步左右的距离，双足立正，上身略微前倾，注视对方，面带微笑，轻轻上下摇动3～4下。

男士之间的握手礼和女士之间的握手礼分别如图2-24和图2-25所示。

图 2-24　男士之间握手礼　　　　图 2-25　女士之间握手礼

2. 时间

初次见面者，握手时间一般为 3~5 秒；老朋友见面时，握手时间可以稍长一点，但也不要超过 20 秒。

3. 力度

握手力度要适中，稍微使劲，以表热情，不宜过重或过轻。若力度过重，会给对方带来不适感；若力度太轻，会给人高傲、冷淡的感觉。

二、握手礼的顺序

1. 尊者优先

年长者与年幼者握手时，应由年长者先伸手；长辈与晚辈握手时，应由长辈先伸手；老师与学生握手时，应由老师先伸手。

2. 女士优先

女士与男士握手时，应由女士先伸手。

3. 已婚主动

已婚者与未婚者握手时，应由已婚者先伸手。

4. 职位、身份高者主动

职位、身份高者与职位、身份低者握手时，应由职位、身份高者先伸手。

5. 顺时针原则

人们在餐桌上或围坐在大厅里时，可以按顺时针方向握手。

6. 由近及远原则

平辈朋友握手时，可按由近及远的顺序进行。

三、握手礼的禁忌

在握手时，千万不可表情呆板、不说话、眼神呆滞、心不在焉；一般只伸出右手，通常不用左手；忌戴着手套，与对方握手时，一定要摘掉手套以表尊敬，但女士装饰性、与服装相配的手套除外；忌交叉握手，因为在国际交往中，尤其是与西方人握手时，这是不吉利的。

用礼践行

需要握手的场合：

（1）遇到较长时间没见面的熟人时。

（2）在比较正式的场合和认识的人道别时。

（3）在以本人作为东道主的社交场合，迎接或送别来访者时。

（4）拜访他人后，见面和辞行时。

（5）被介绍给不认识的人时。

（6）在社交场合，偶然遇上亲朋故旧或上司时。

（7）别人给予你一定的支持、鼓励或帮助时。

（8）表示感谢、恭喜、祝贺时。

（9）对别人表示理解、支持、肯定时。

（10）得知别人患病、失恋、失业、降职或遭受其他挫折时。

（11）向别人赠送礼品或为别人颁发奖品时。

传而有礼

万福礼（图2-26）是古代汉族女子常见礼仪之一，行礼时，双手相交，右手在上，手势可掌、可虚握至胸腹间，右腿后曲，微曲膝，低头。其因行礼时口称"万福"而得名，早期男女共用，自宋朝起，仅为女子与人相见时所行。

图2-26　万福礼

堂下固礼

1. 归纳总结握手的礼规有哪些。

2. 分析题。

如果对方以如下方式与你握手,请分析他心里的想法。

(1)毫不犹豫地快速伸出手且握手有力。

(2)伸手动作斯文,握手力道大。

(3)伸手时慢条斯理,但握手力道适中。

(4)伸手时慢条斯理,且动作无力。

(5)伸手很慢,握手无力,感觉软绵绵的。

学其七　递接礼仪

走进礼堂

递物与接物是人们日常生活中每天都要用到的行为举止,这些看似稀松平常的行为,却在不经意间带给对方不同的感受,或尊重、或轻视、或舒心、或反感。从古至今,人们在接物品时有很多的讲究,能在细节中给别人留下难忘的印象。

学习礼规

一、递送物品的规范

在递接物品时,应使用双手,以表示对对方的尊重,且目光亲切。另外,还要将带有文字的正面朝向对方。

二、接收物品的规范

当我们接收对方递过来的物品时应使用双手,并向对方表示感谢。要目视对方,面带微笑，并点头致意。

三、递接物品时应注意的问题

忌单手递接物品；忌对方站着递，我们坐着接；若无特殊情况，不使用左手递接物品。

用礼践行

（1）递送文件类的物品时，应该使其正面朝上并用双手递上；接收物品时，也要伸出双手，并向对方表示感谢。

（2）递笔、刀、剪子等尖利的物品时，需要将尖端朝向自己，不可指向对方。

（3）在招待客人用茶时，往往一手握茶杯把儿或扶杯壁，一手托杯底，并说"请用茶"。若茶水较烫，可将茶杯放到客人面前的茶几上；如果接的是主人敬的茶，应站起身伸出双手，并说"谢谢"。

（4）递接名片时，携带的名片一定要充足。名片要干净、整洁，切不可出现折皱、破烂、肮脏、污损、涂改的情况。同时，还应将名片放在名片盒里。当对方递来名片时，应双手接过并表示感谢；同时，还要认真阅读名片上的文字并精心保存。

传而有礼

《吕氏春秋》里有一段记载：孔子带着他的弟子们周游列国时，因兵荒马乱，食不果腹，已经连续七天吃不上饭了。

一天，颜回好不容易要来了白米。当饭快煮熟时，颜回掀开锅盖，抓起一把白米饭就往嘴里塞，而这正巧被孔子看到了。孔子假装没看见，但心里却很不舒服。

饭煮好了，颜回请孔子吃。孔子若有所思地说："我刚刚梦见祖先了，想先用干净的、还没人吃过的饭祭祖先。"

颜回慌张地说："不可以用来祭祖先，这饭我已经吃过一口了。"

孔子问："为什么？"

颜回嗫嚅地回答："在煮饭时，我不小心掉了些灰在锅里，但把那部分饭丢掉太可惜了，所以就抓起来吃掉了。我没有偷吃。"

孔子恍然大悟，为自己的想法感到愧疚不已，明明自己平时最信任颜回，这次却仍然怀疑了他。

堂下固礼

1. 递接物品的原则是什么？
2. 案例分析：

两位商界的老总经中间人介绍，相聚谈一笔生意。这是一笔双赢的生意，而且做得好还会大赚一笔。看到合作的美好前景后，双方的积极性都很高。A老总首先拿出友好的姿态，恭恭敬敬地递上了自己的名片；B老总单手把名片接过来，一眼没看就放在了茶几上。接着他拿起了茶杯喝了几口水，随手又把茶杯压在名片上，A老总看在眼里，明在心里，便随口谈了几句话，起身告辞。事后，他郑重地告诉中间人，这笔生意不做了。当中间人将这个消息告诉B老总时，他简直不敢相信自己的耳朵，拍着桌子说："不可能！哪儿有有钱不赚的人？"B老总立即打通A老总的电话，一定要他讲出个所以然来。A老总道出了实情……

请你分析一下B老总错失良机的原因。

主题 3　沟通有礼 融洽关系

看周总理如何妙语连珠

一位顾客在餐厅用餐时，发现自己的菜里有一条小虫子。他并没有大声斥责服务员或者向经理投诉，而是平静地把服务员叫过来，微笑着说：你们的菜看起来很好吃，只是可能需要再认真清洗一下蔬菜了。服务员马上诚恳道歉并换了一份新的菜送过来，而这位顾客也因此获得了餐厅赠送的免费餐券。

导学悟礼

▶ **教学目标**

知识目标：学习并掌握社会交往中的沟通技巧；体会沟通对人际交往的重要作用。

能力目标：通过课前自学与小组合作交流的方式，运用学习与模拟练习相结合的方式，在实践中掌握与人沟通的方法和技巧。

素养目标：合理选择沟通方式有助于建立和谐的人际关系，有利于塑造良好的个人形象和企业形象。

学礼篇　礼仪从细节完善——个人形象礼仪

学其一　称呼礼仪

走进礼堂

中国文化博大精深，而称呼语就是最具中国特色的一种沟通方式。使用恰当的称呼语可以拉近人与人之间的距离，使人们的交往更加顺畅。

学习礼规

一、称呼的含义

称呼，就是人们在日常交往中使用的称谓语。它是根据人的身份、地位、职业、性别和年龄等多方面因素来确定的，会随环境和身份的变化而发生改变。

二、称呼的作用

1. 礼貌

有礼貌的态度可以让双方交流得更加顺畅。

2. 区分身份

根据年龄、性别、职务、身份等称呼对方，可以表示了解对方的情况。

3. 亲近

其可以拉近人们之间的距离。

4. 尊重

其可以表达人们之间的尊重。

三、称呼的原则

1. 礼貌原则

称呼别人时要讲究礼貌，如常用的尊称有"您""贵""贤""尊"。

2. 尊崇原则

在称呼职位比较高的同事或前辈时要用尊称，以体现自己对他们的尊敬。

3. 恰当原则

对对方的称呼要恰当。比如，称司机、厨师为师傅合适，但称医生、教师为师傅就不恰当了。

用礼践行

一、称呼的分类

1. 亲属称呼

依据与对方的亲属关系称呼，如伯、舅、哥、妹、姨、叔、爷、奶、姐、姐夫等。

2. 社交称呼

1）代词称呼

其包括我、你、她（他）、您、我们、她们（他们）、你们、咱们、大家、人家、各位、诸位等。

2）社交称呼

其包括先生、小姐、女士、夫人、太太等。

3）职衔称呼

可直接称呼对方的职衔，也可在职衔前面加上姓氏或姓名，多用于正式场合。

（1）职务称呼：部长、司长、厅长、校长、院长、厂长、经理等。

（2）职称称呼：工程师、教授、讲师等。

（3）军衔称呼：上将、中将、少将、大校、上尉等。

（4）职业称呼：医生、护士、老师、会计、律师、教练等。

4）关系称呼

其包括同志、老师、师傅、老板。

二、称呼禁忌

1. 称呼错误

（1）误读：仇（qiu）、查（zha）、盖（ge）等。

（2）误会：对称呼者的年纪、辈分、婚否及与他人的关系做出错误的判断。

2. 称呼过时

对于一些有时效性的称呼应慎用，如古时称官员为"大人""老爷"，现在早已不用了。

3. 称呼不通用

对于一些地域性称呼慎用，如天津人多称呼女性"大姐"，而很多地域会根据与对方年龄的差距称呼；北京人多称呼不认识的人"师傅"，有些地方的人则认为只有出家人才可称"师傅"；山东人经常称呼对方为"伙计"，在有些地方看来打工的才是伙计。

4. 称呼不雅

绰号：以对方的姓名、样貌、身材、身高、习惯等特点起不雅绰号，是极不尊重对方的行为。

低级：低级称呼要慎用，如哥们儿、姐们儿、老大、死党、兄弟、小鲜肉等。

5. 无称呼

不使得用"哎""喂""大个""那个谁"等替代任何称呼。

三、称呼技巧

（1）称呼对方时应遵循"就高不就低"的原则。

（2）容易产生误会的称呼不用，如"小姐"。

（3）在正式场合，以称呼对方的职务为宜。

（4）不知如何称呼时，可以说"您好"并伴随微笑，以示尊重。

传而有礼

对长辈的称呼及自称见表2-1。

表2-1 对长辈的称呼及自称

称呼对象	称呼	自称	向第三方介绍或说起时的谦称	称呼第三方相对应的对象的尊称
父亲的祖父	曾祖父（太爷爷）	曾孙、曾孙女	家曾祖父	令曾祖父
父亲的祖母	曾祖母（阿太）	曾孙、曾孙女	家曾祖母	令曾祖母
母亲的祖父	外曾祖父（外太公）	外曾孙、外曾孙女	外曾祖父	令外曾祖父
母亲的祖母	外曾祖母（外太）	外曾孙、外曾孙女	外曾祖母	令外曾祖母
祖父	祖父（爷爷）	孙、孙女	家祖父	令祖父
祖母	祖母（奶奶）	孙、孙女	家祖母	令祖母
母亲的父亲	外祖公（公公）	外孙、外孙女	外祖父	令外祖父
母亲的母亲	外祖母（外婆）	外孙、外孙女	外祖母	令外祖母
父亲	父亲（爸爸）	儿、女儿	家父	令尊
母亲	母亲（妈妈）	儿、女儿	家母	令堂
父亲的哥哥	伯父（伯伯）	侄、侄女	家伯父	令伯父
父亲哥哥的妻子	伯母（伯娘）	侄、侄女	家伯母	令伯母
父亲的弟弟	叔父（叔叔）	侄、侄女	家叔父	令叔父
父亲弟弟的妻子	叔母（婶婶）	侄、侄女	家叔母	令叔母
父亲的姐妹	姑母（姑姑）	内侄、内侄女	姑父	令姑父
父亲姐妹的丈夫	姑父（姑丈）	内侄、内侄女	姑母	令姑母
母亲的兄弟	舅父（舅舅）	外甥、外甥女	舅父	令舅父
母亲兄弟的妻子	舅母（妗母）	外甥、外甥女	舅母	令舅母

堂下固礼

（1）请使用正确的称呼语详细介绍一下你的家庭成员。

（2）请分析以下案例。

小艳进入一家新的单位。领导带着她熟悉周围的环境，还把她介绍给部门中的各位同事认识。她非常恭敬地称同事们为老师，大多数同事欣然地接受了。

当领导把小艳带到其中一位同事面前并告诉她以后就跟着这位同事学习，有什么不懂的就请教时，小艳便更加恭敬地称对方为老师。这位同事连忙摇头说："大家都是同事，别那么客气，直接叫我的名字就行了。"小艳仔细想想，觉得叫老师显得太生疏了，但是直接叫名字又不太尊敬，不知道该怎样称呼对方才比较合理。

想一想：小艳该如何称呼这位同事呢？

学其二　礼貌用语

走进礼堂

礼貌用语是指在语言交流中使用尊重与友好的词语。俗话说："良言一句三冬暖，恶语伤人六月寒。"礼貌用语是尊重别人的具体表现，是我们与别人建立友好关系的敲门砖。在日常生活中，尤其在社交场合中，使用礼貌用语更加重要。适当说一些客气话不仅能表示对别人的尊重，而且能表明自己的修养。多使用礼貌用语不仅有利于缓和气氛，而且有益于人们深入交往。

学习礼规

一、使用礼貌用语的意义

（1）对个人来说，使用礼貌用语可以反映出人的文化修养和精神面貌。同时，还能在很大程度上影响别人对自己的评价。

（2）在工作中使用礼貌用语是员工素质高的体现。如果某员工尽管着装整洁，仪容端庄，但语言使用不当，让人感到没有礼貌，其他方面再优秀也没用。

（3）社会交往中，礼貌用语是增进感情、获取信任和对别人尊重的体现。它可以帮我们更好地处理人际关系。

（4）关系到祖国的声誉。我国素以语言文明、礼貌待客著称。作为中华儿女，我们的一言一行都代表国家的形象。

二、使用礼貌用语的原则

1. "四有"原则

　　1）有分寸

　　使用礼貌用语时要注意分寸，且言行要一致，不仅要明确交往目的，也要选择合适的交往方式。

　　2）有礼节

　　语言的礼节就是寒暄。常见的礼貌行为惯用形式有五种，即问候、致谢、致歉、告别、回敬。

　　3）有教养

　　教养体现在一个人的言谈举止、衣食住行、待人、接物等方面。就言谈而言，包括说话有分寸、讲礼节，这是言语有教养的表现，也是言语有礼貌的具体表现。

　　4）有学识

　　高度文明的社会必然十分重视知识且尊重人才。富有学识的人将会受到社会和他人的敬重，而有学识的人在言语的运用上也会显示出一个人的礼貌和教养。

2. "四避"原则

　　1）避隐私

　　隐私是人们不可公开或不愿公开的事情，有些是缺陷，而有些则是秘密。因此，在交往中，应尽量避问隐私问题，这是有礼貌的行为。

　　2）避浅薄

　　浅薄是指不懂装懂，讲外行话、言不及义、词汇贫乏，语句不通、白字常吐。大家不可能什么都知道，因此，说话时言语要谦恭，且不要对不懂的知识妄加议论。

　　3）避粗鄙

　　粗鄙是指言语粗野，甚至污秽，满口粗话、丑话、脏话。言语粗鄙是最无礼貌的行为。它也是对一个民族语言的污染。

　　4）避忌讳

　　忌讳是人类视为禁忌的现象、事物和行为。社会通用的避讳语也很重要礼貌语言，它可以让人们避免触犯讳。

三、"五声十字"礼貌用语

"五声"即见面时的问候声、离开时的告别声、交往中的应答声、给对方带来不便时的致歉声、对方提供帮助时的致谢声。

"十字"即"您好""再见""对不起""请""谢谢",充分体现了语言文明的基本形式。我们无论身处何处,都要经常使用这些词语,因为这可以促进双方的感情。

用礼践行

在交谈中,一定要多用、善用礼貌用语。同时,还可以根据礼貌用语表达语意的不同选择使用不同的礼貌用语。

一、问候语

问候语一般不强调具体内容,只表示一种礼貌,在使用上,通常简洁、明了。无论在任何场合,与人见面都不应省略礼貌用语。同时,无论何人以何种方式向你表示问候,都应给予相应的回复,不可置之不理。

1. 初见问候

"您早""您好""早上好""下午好""晚上好"等。

2. 朋友问候

"好久不见""最近忙吗""最近好吗"等。

3. 工作问候

正式场合职务+问候语,如"王经理好""宋医生您好""李老师好"。

关系熟络姓(名)+辈分+问候语,如"张姐好""陈师傅好"。

4. 服务问候

"先生,您早""女士,您好""女士,下午好"等。

5. 节日问候

"节日快乐""恭喜发财""健康长寿""新婚快乐"等。

二、欢迎语

欢迎语是指接待来访客人时必不可少的礼貌用语。

常用的欢迎语包括欢迎您、欢迎光临、见到您很高兴等。

三、致歉语

在日常交往中，大家难免会因为某种原因影响或打扰了别人，或者当自己失礼、失约、失陪、失手时，都应及时、主动、真心地向对方表示歉意。

常用的致歉语包括"对不起""请原谅""很抱歉""失礼了""不好意思，让您久等了"等。如果不好意思当面致歉时，还可以通过打电话、发微信等方式来表示歉意。

四、请托语

请托语是指当你向他人提出某种要求或请求时应使用的必要的语言，即当你向他人提出某种要求或请求时，一定要先说"请"字，而且态度要好、语气要诚恳，不要低声下气，也不能趾高气扬。

常用的请托语包括"劳驾""借光""有劳您""让您费心了""请您多关照""拜托您了"等。

五、征询语

征询语是指在交往过程中，尤其是在接待客人的过程中，恰当地使用征询对方意见的话语，这样既有助于了解对方的想法，也让对方感受到了尊重。

常用的征询语包括"您需要帮忙吗""我能为您做些什么""您还有什么事吗""我可以进来吗""您不介意的话，我可以看一下吗""您看这样做行吗"等。

六、赞美语

赞美语是指对他人表示称赞时使用的礼貌用语。在交往中，大家要善于发现、欣赏别人的长处，并能适时地给予对方真挚的赞美。这不仅能够拉近双方的距离，还能够表现出你宽容、善良的品质。

常用的赞美语包括"很好""不错""太棒了""真了不起""真漂亮""太好了"等。面对别人的赞美时，大家也应表示感谢和谦虚，如"谢谢您的鼓励""多亏了您""您过奖了""您也很优秀"等。

七、拒绝语

拒绝语是指当有些事情不能做或不便做或不好直接说明本意时，使用婉转的方法加以暗示，使对方意会的语言。在人际交往中，当对方提出问题或要求时，我们应尽量不直接拒绝对方，可以说一些推脱的话来婉拒。

例如，在工作中，对上级交代暂时不见的来访者，可以委婉地说："对不起，经理正在开一个重要的会议，您能否改日再来？""请您与经理约定以后再来好吗？"

如果来访者依然纠缠，则可以微笑着说："实在对不起，我帮不了您。"

八、告别语

告别语是指与对方分别时使用的礼貌用语。

常用的告别语包括"再见""再会""期望与您的下一次相聚""后会有期""希望您有空常来""感谢您的光临，欢迎再来""一路平安"等。

九、敬语

敬语是指对听者表示尊敬的语言，敬语是构成礼貌谈吐的重要组成部分，是展示谈话人风度与学识不可或缺的基本要素之一。

常用的敬语包括"您""请""阁下""尊夫人"等。

在不同场合中使用的敬语：初次见面称"久仰"，很久不见称"久违"，向人祝贺称"恭喜"，请人批评称"请指教"，请人帮忙称"劳驾"，请人原谅称"包涵"，麻烦别人称"打扰"，托人办事称"拜托"，赞人见解称"高见"，等候客人称"恭候"，未及远迎称"失迎"。

十、谦语

谦语也称"谦辞"，与敬语相对，即对人用敬语，对己用谦语，它是向人表示谦恭和自谦的一种礼貌语言。较多出现在书面语中。

常用谦语：在别人面前谦称自己和自己亲属，如称自己"在下、鄙人、晚生"等，谦家人"家父、家母、舍妹"等。

传而有礼

中国曾有"君子不失色于人，不失口于人"的古训，是指有道德的人待人应该彬彬有礼，不能态度粗暴，也不能出言不逊。

"您好"不离口，
"请"字放前头，
"对不起"时时有，
"谢谢"跟后头，
"再见"送客走。

与人相见说"您好"，问人姓氏说"贵姓"，问人住址说"府上"；
仰慕已久说"久仰"，长期未见说"久违"，求人帮忙说"劳驾"；
向人询问说"请问"，请人协助说"费心"，请人解答说"请教"；
求人办事说"拜托"，麻烦别人说"打扰"，求人方便说"借光"；
请改文章说"斧正"，接受好意说"领情"，求人指点说"赐教"；
得人帮助说"谢谢"，祝人健康说"保重"，向人祝贺说"恭喜"；
老人年龄说"高寿"，身体不适说"欠安"，看望别人说"拜访"；
请人接受说"笑纳"，送人照片说"惠存"，欢迎购买说"惠顾"；
希望照顾说"关照"，赞人见解说"高见"，归还物品说"奉还"；
请人赴约说"赏光"，对方来信说"惠书"，自己住家说"寒舍"；
需要考虑说"斟酌"，无法满足说"抱歉"，请人谅解说"包涵"；
言行不妥"对不起"，慰问他人说"辛苦"，迎接客人说"欢迎"；
宾客来到说"光临"，等候别人说"恭候"，没能迎接说"失迎"；
客人入座说"请坐"，陪伴朋友说"奉陪"，临分别时说"再见"；
中途先走说"失陪"，请人勿送说"留步"，送人远行说"平安"。

学礼篇 礼仪从细节完善——个人形象礼仪

堂下固礼

案例分析：

一句"您好，您慢走"赢得的工作

王欢是一名应届毕业生，整天奔波在找工作的路中。有一天，她接到了一个面试通知，职位是行政客服。她准时来到该公司参加面试。由于对这项工作的极度渴望，她在考官面前显得太过紧张，有些发挥失常了。当她从考官眼中看出拒绝的意思而心灰意冷时，一位中年男士走进了办公室和考官耳语了几句。在这位男士离开时，她听到人事主管小声说了句"经理慢走"。王欢灵光一闪，赶忙起身，毕恭毕敬地对经理说："经理您好，您慢走！"经理眼中流露出些许诧异，然后笑着对王欢点了点头。

第二天，王欢接到录用通知，顺利入职这家公司的客服部。后来，人事主管告诉她，本来根据她那天的表现是不打算录用的，但是因为她对经理十分有礼貌，认为她对行政客服工作还是能够胜任的，所以给了她这个工作机会。

想一想：王欢的求职为什么会成功？在这个过程中，礼貌用语起到了什么作用？

学其三　沟通技巧

走进礼堂

《官场现形记》中写到："要嘴巴会说，见人说人话，见鬼说鬼话，见了官场说官场的话，见了生意人说生意场中的话。"这句话的含义实际就是通过谈话技巧达到有效沟通的目的。沟通是建立人际关系的桥梁。在人际交往过程中，人与人之间、人与群体之间思想与感情的传递和反馈都是由事情联系起来的，而做人最重要的就是沟通，因为顺畅的沟通可以帮我们建立良好的人际关系，为我们营造更加舒适的生活环境。

主题3　沟通有礼 融洽关系

学习礼规

一、沟通的含义

沟通本指开沟使两水相通，后泛指两方相通连，现也指疏通彼此的意见，即人们分享信息、思想和情感的过程。这种过程不仅包含口头语言和书面语言，也包含形体语言和个人习惯。

二、沟通的方式

沟通的方式可分为语言沟通和非语言沟通，而最有效的沟通是将语言沟通和非语言沟通结合起来。

1. 语言沟通

1）口头语言沟通

口头语言沟通是指通过口头语言的形式进行信息交流，如讨论、谈话、演讲、座谈、打电话等。在人际交往过程中，口头语言沟通是常用的沟通方式之一。

2）书面语言沟通

书面语言沟通是指以文字为媒介的信息传递，如文件、报告、书信等。与口头语言沟通相比，使用书面语言沟通更加规范、严谨。

2. 非语言沟通

非语言沟通是指在交流中除了语言外使用的其他形式的沟通方式，它可以通过肢体语言、面部表情、眼神接触、姿势、手势、声调、音量、节奏、空间关系等传递信息。

三、有效沟通的条件

有效沟通是指为了获得良好的沟通效果而进行的沟通。若要实现有效沟通，必须满足三个条件。

（1）传递出的信息应完整、准确。

（2）信息在传递过程中没有损失。

（3）信息接收者可以真正理解接收到的信息。

四、有效沟通的基本要求

1. 把握好谈话语气

谈话时因人、因地、因时而异，把握说话的语气和分寸，让对方充分理解并接受，以达到预期的沟通效果。

2. 控制好谈话节奏

节奏感是带动和影响对方情绪的重要方面，交谈时有快有慢，有起有伏，语言更加生动，更易打动和感染对方。

3. 调整好谈话语调

语调就得腔调，即用声音感染对方，有助于沟通的顺利进行。

4. 营造好谈话氛围

与人沟通时应表现得主动热情、有礼有节、以诚相待，这样可以使沟通过程更加顺畅。

5. 准备好谈话内容

谈话内容要考虑交谈对象、场合、时间等因素有备而谈，要符合自己的身份，把握好尺度，尊重对方隐私，坚持"六不问"：不问年龄，不问收入，不问婚否，不问住址，不问经历，不问信仰。不谈令人不愉快的话题，不提道听途说的事情。

6. 使用好谈话语言

说普通话，讲究文明礼貌，注意多用文雅而规范的语言。

用礼践行

在日常生活和工作中，我们在面对不同的人和遇到不同的事时，为了实现目的，需要运用各种沟通技巧。

一、讲艺术地说

1. 遇到急事

遇到急事慢慢说，因为越急越说不清楚，急事慢说才能给人遇事不乱、稳重可信的印象。

2. 遇到小事

遇到小事轻松说，这样更容易让人接受。

3. 不清楚的事

不清楚的事谨慎说，对于自己没有把握、不清楚的事情谨慎说，不能给别人造成误会。

4. 没发生的事

没发生的事不胡说，不制造和传播谣言，不信口雌黄。

5. 伤害人的事

伤害人的事绝不说，多说对人有益、温暖的话，这是善良的表现。

二、有轻重地说

1. 发现对方做事不当时的提醒方式

尽量用暗示的方式旁敲侧击地提醒对方，给对方留面子。

2. 与对方发生摩擦时的言语

平复心态，控制自己情绪，理智解决，切不可出言不逊，导致矛盾激化。

3. 做肯定和否定评价

不使用"从来没有过""永远不可能""你一直"这些限定性词语，应尽量客观、公正、恰当地评价。

三、经常赞美别人

1. 与众不同地赞美

赞美之词不俗套、不泛滥，换一个角度、换一种说法赞美对方，更易让其心情愉悦。

2. 发自内心地赞美

用心发现对方的优点并赞美，更易打动人心。

3. 适时适当地赞美

选择恰当的时机赞美，更易拉近彼此的关系。

四、多听少说

在听的过程中了解对方，要多听少说，不可随意插嘴打断，这样可以表达对别人的尊重，而且倾听别人的意见并懂得反思，有助于提高自己的认知水平。

五、掌握婉拒的方法

1. 找理由

找出合适的理由，用委婉的表达来拒绝对方提出的要求。

2. 以别人为理由

可以用家人、朋友、同事、上级不同意为拒绝的理由，以此获得对方的体谅。

3. 鼓励求者

鼓励当事人自己解决问题，如可以通过协助、鼓励、赞美对方等方式实现。

六、说话要幽默

在日常交往过程中，善用幽默的语言，不仅是风趣的表现，也是一种智慧。适度的幽默有时能打破难堪的局面，给对方带来快乐，还能缓解紧张的气氛。

常用的幽默表达技巧包括一语双关、正话反说、有意曲解、解释巧妙、自我嘲讽、适度夸张等。

传而有礼

古语常用敬词及其释义见表2-2。

表2-2 古语常用敬词及其释义

古语敬词	释义
赐教	请人指教
高见（高论）	称对方的看法、见解
贵姓（尊姓）大名	询问对方姓名
贵庚（芳龄）	询问对方年龄
高寿（高龄）	询问老人年龄

续表

古语敬词	释义
尊府（府上、尊寓、华居）	称对方的住处
拜望	探望
拜访	访问
拜托	托人办事
拜辞	告别
敬请	恭敬地请求
恭候	恭敬地等候
雅正	把自己的作品赠人并请对方指教
恕	请求别人谅解，不要计较
有劳	答谢或拜托对方办事
难为	感谢对方帮助
久仰	敬仰思慕已久
久违	很久未见
劳驾	请对方做某事
借光	请人给予方便
包涵	请人宽容或原谅
指教	请人指出自己的不足之处
失敬	责备自己敬意不足
失礼	自己感到礼貌不周
失陪	表示因故不能陪伴了
留步	请等一等或不必再送了

堂下固礼

（1）请将现代礼貌用语和古语常用敬词结合起来编写一段情境对话。

（2）请分析以下案例。

某天，有铁齿铜牙之称的纪晓岚光着膀子在军机与人处聊天，正巧乾隆带着几个随从过来了。其他人一见皇帝来了，连忙上前接驾，躲在后面的纪晓岚心想：如果自己就这样光着膀子接驾，岂不是亵渎了万岁？可能皇帝并没有发现自己，还是先躲一下为妙。情急之下，纪晓岚钻到桌子底下藏了起来。其实这一举动早已被乾隆看在眼里，但他故意装作没看见，在椅子上坐了下来。

　　纪晓岚在桌子底下缩成一团，大汗淋漓，却不敢出声。过了很长时间，他没听见乾隆说话的声音，以为他走了，就问身边的同僚："老头子走了没有？"这话被乾隆听见了，他厉声问道："纪晓岚，你见驾不接，朕且不怪罪你，但你叫朕'老头子'是什么意思？你要一个字、一个字地说清楚，否则别怪朕无情！"纪晓岚吓得半死，连称："死罪！死罪！"接着，他慢慢解释到："万岁不要动怒，臣之所以称您为'老头子'，是出于对您的尊敬。先说'老'字，'万寿无疆'称'老'，我主是当今有道明君，天下臣民皆呼'万岁'，故称您为'老'。"乾隆点点头。纪晓岚继续说："'顶天立地'称为'头'，我主是当今伟大人物，是天下万民之首，'首'者，'头'也，故称您为'头'。至于'子'，意义更明显，我主乃紫微星下凡，紫微星乃天之子也，因此天下臣民都称您为天'子'。"乾隆听后便笑了，而这事也就过去了。

　　请分析一下纪晓岚是通过什么方式来化解这场危机的。在与皇帝的对话中，他运用了哪些交谈技巧？

礼仪从点滴做起——人际交往礼仪

行礼篇

在日常交往中，讲礼仪能让人们和谐相处，也能使人们工作和生活顺利。人际交往礼仪的真谛很简单，那就是善良、体贴、真诚、热情。另外，大家还要懂得一些礼仪知识并掌握相关技巧。

行礼篇　礼仪从点滴做起——人际交往礼仪

主题 1　校园礼仪 谦虚恭敬

一日为师，终生为师

导学悟礼

曾子是孔子的弟子。有一次，他在孔子身边侍坐。孔子问："以前的圣贤之王用至高无上的德行和精妙的理论来教导天下之人，这样人们就能和睦相处，而君王和臣下之间也没有矛盾。你知道它们是什么吗？"曾子听了，明白老师是要指点他最深刻的道理，于是立刻从席子上起来，站在孔子面前，恭恭敬敬地回答："我不够聪明，哪里能知道，还请老师把这些道理教给我。"

"避席"是一种非常礼貌的行为，当曾子听到老师要向他传授时，他站起身来，走到席子外向老师请教，是为了表示他对老师的尊重。此后，曾子懂礼貌的故事被人们广为传诵。

▶ 教学目标

知识目标：了解师生、同学之间的交往礼仪，以及校园中不同场所应遵守的礼仪规范。

能力目标：在各种场合中规范行为，提高自我约束能力。

素养目标：培养良好的行为习惯，尊敬老师、友爱同学。

主题1　校园礼仪 谦虚恭敬

行其一　师生交往礼仪

走进礼堂

在校园里，师生关系是十分重要的人际关系，对我们的品德、行为都会产生深刻的影响。亲密、和谐的师生关系对于教育教学工作的完成、老师和学生的精神状态都起到重要作用。所以，在交往的过程中，老师和学生都应该摆正自己的位置，明确自身的任务和职责。学生应尊敬、理解、感激自己的老师；老师要尊重每位学生的人格，积极回应学生的问候，控制自己的情绪，关心、爱护学生。

学习礼规

一、师生交往的基本原则

"安其学而亲其师，乐其友而信其道。"自古以来，老师和学生之间就有相交以道、教学相长、关系融洽的传统。作为学生，我们在尊敬师长的时候要注意三个原则。

1. 平等自律原则

师生相处时要遵守平等自律原则。平等是礼仪的核心，师生交往，以礼相待，给予同等程度的礼遇。自律是礼仪的基础和出发点，师生交往最重要的是自我要求，自我约束，自我对照，自我反省，自我检查。无论对于老师还是学生，都要按照礼仪规范严格要求自己，知道自己该做什么，不该做什么。老师要理解学生的行为，不过分挑剔，与他们形成亦师亦友的关系。

2. 宽容理解原则

师生交往过程中，既要严于律己，又要宽以待人。老师要理解、包容学生，豁达大度，有气量，不计较，不追究。"人非圣贤，孰能无过"，学生在面对老师欠妥的言行和处事方法时，也要给予充分的理解与宽容。

3. 真诚沟通原则

无论对于老师还是学生，在进行信息传递、情感交流、思想沟通的过程中，都要言行一致。在日常的生活和学习中，只有多沟通，主动进行换位思考，善于理解体谅对方的感受，时时处处以对方为中心，师生之间才能拥有和谐、融洽的关系。

二、同学相处的原则

同学之间朝夕相处，交往频繁，应以礼相待，互相尊重。

1. 以礼相待，互相友爱

同学之间见面时应主动打招呼，使用请、对不起、谢谢等文明礼貌用语。不给同学起绰号，不取笑和歧视在相貌、学习等方面存在缺陷的同学。

同学之间在学习、生活中要互助互爱，对有困难的同学应给予安慰和帮助。出现矛盾和摩擦时，要学会换位思考，互相体谅，坦率交流，如有必要，可以请老师帮忙调解。大家在做错事或给同学带来不便时要主动道歉，这不是丢面子，而是尊重别人的表现。

2. 严于律己，宽以待人

在日常学习和生活中，大家要严于律己，不给别人带来困扰；同时，对待别人的不足之处要宽容，不能"得理不饶人"。

3. 学会欣赏，赞美同学

与同学相处时，要多发现同学的优点，可以形成和谐的同学关系，在同学、朋友取得成绩的时候应该表示真诚的祝福，不要吝啬赞美之词，也不要因为同学之间关系密切就说话随便，甚至给他们起外号等，这些都会伤害同学的自尊心。

4. 财产分清，礼尚往来

与同学相处时要互帮有爱，但生活用品和钱款要分清，借他人物品和钱款后要及时归还。所谓"亲兄弟明算账"，是指在亲密的人之间也要分清钱物。大家应将自己的学习用具、生活用品和生活费用准备齐全，如果遇到特殊情况，确实需要向同学借用钱物，一定要按时归还，以免失信于人，影响同学关系。

5. 异性交往，注意分寸

异性同学相处更应该互相尊重，把握分寸，在交往时要注意场合和方式，在教室、活动区等公众场所，男同学应大度、礼让，女同学应谦虚、稳重。

三、尊师礼仪

老师是学生思想道德、知识技能、行为习惯的引路人、指导者，而尊重老师的人格和劳动是每位同学都应该做到的。

1. 主动致意，注意礼让

作为晚辈，学生在任何场合与老师碰面时都应主动打招呼，且在情况允许时要停下脚步、面带微笑地主动问候，以表现出对老师的尊重。在进出教师、上下楼梯和道路狭窄时，学生应让老师先行。

2. 聆听教诲，恭敬礼貌

在与老师谈话的过程中，学生要保持良好的心态，认真聆听，不随意插话。谈话结束后要与老师行礼道别；与老师产生分歧时，不能冲动，要选择适当的时机并采用合适的方式与老师沟通。

3. 办公室内，切勿失礼

进入老师办公室前，学生应先喊报告，经同意后再进去。如果老师忙于其他事情，要在旁边静候。当学生受老师委派独自到办公室取东西时，应先向其他老师声明到办公室来的缘由，而且未经允许，不得随意翻动老师的东西。学生在老师办公室谈话或帮助老师处理工作时，不得肆无忌惮地打闹、说笑。

4. 心存感激，适时问候

学生要怀有感激之心，在得到老师帮助、教诲或取得成绩时，应及时向老师表示感谢。另外，学生也可在教师节等节日期间通过电话、短信或拜访的方式问候老师。同时，学生还要注意与老师保持正常的交往距离，既要尊敬爱戴老师，又不能妨碍老师的正常生活。

四、同学相处禁忌

1. 忌人格不平等

同学之间在人格上是平等的，应互相尊重，自傲或自卑都可能导致你与其他同学之间的关系疏远，从而影响正常交往。

2. 忌攀比

有的同学虚荣心作怪，攀比吃穿，这是不可取的，应该提升品德，努力学习。

3. 忌说话伤人

语言是有情绪的，我们的话语可能给别人带来温暖，也可能给别人带去伤害。因此，与同学交谈时要讲究语言美，不可自以为是、出言不逊。

4. 忌说长道短

与同学相处时要谨言慎行，在背地里对别人说长道短是同学间最忌讳的事情。正确的做法是自己不传也不说，且听别人说时要分析真伪，不轻信、不盲从。

用礼践行

校园是公共场所，是满足学习、生活等需要的，供师生一起使用的场所，如教室、图书馆、操场、宿舍、食堂、洗浴室等。对于共同使用的场所，我们需要共同维护，这样可以使身心更健康，也能让心情更愉悦。

一、课堂礼仪

课堂是学生学习技能、行为养成的重要场所，课堂礼仪是校园生活中的基本礼仪。遵守课堂礼仪是学生的需要，也是使学生完成学业的重要保障。

1. 上下课礼仪

学生活动是学校工作的核心。老师准时到教室，学生做好学习准备，师生共同维护教学秩序，都是大家在课堂上应遵守的基本礼仪规范。

1）上课礼仪

上课铃响后，老师走进教室，学生应提前做好上课准备。全体学生起立并向老师行注目礼，然后师生互致问候。礼毕，老师开始讲课。

主题1　校园礼仪 谦虚恭敬

2）下课礼仪

下课铃响，老师宣布下课，全体学生起立与老师道别。待老师还礼后，学生方可自由活动。当老师要离开教室时，学生应主动为其开门并请其先行。

2. 课堂礼仪

1）遵守作息时间

学生应遵守上下课时间，避免迟到、早退等情况发生。如果出现有特殊情况，学生应先向老师说明，在得到老师允许后再回到或离开自己的座位。恶意迟到或不经许可就离开教室的行为是无礼的。

2）遵从老师安排

上课时，学生应对老师使用敬语，坐姿要端正，举止要文明，在课堂上回答问题或向老师请教时，应举手示意并起立回答，态度要诚恳。不做与课程内容无关的事，随时听从老师安排。

3）避免打断教学

当老师讲课时，学生应保持安静，不交头接耳，应认真聆听，尽量不要打断老师。如果需要提问或发言，应举手示意，得到允许后，方可发言。如遇特殊情况，应及时举手向老师请示。

4）杜绝取笑他人

当同学回答问题出现错误或答不上来时，不可肆意取笑；当老师在授课过程中出现失误时，应注意沟通方式，不可当场顶撞。

二、集会礼仪

校园中的集会活动丰富多彩，升旗、毕业典礼、竞赛等均有相关的礼仪要求。而庄严的仪式、大型的集会活动，是校园文化的重要组成部分，参加时应该注意以下规范。

（1）在学校组织的集会上，学生应按班整体入场，做到"快、静、齐"，不勾肩搭背，不任意谈笑，要提前到达现场，以保证集会准时开始。

（2）进入或离开会场时要服从指挥，注意秩序，不一哄而上，不争先恐后，以免造成拥挤堵塞，以防止事故的发生。

（3）到达会场后，要保持安静，按指定位置迅速站好队列或落座，要求队列整齐。

（4）集会中唱国歌时，态度要严肃，声音要整齐、响亮。

（5）会议期间要做到站姿规范或坐姿端正，不左右摇晃，不东张西望。

（6）遵守集会纪律，准时出席，不迟到、不早退。

（7）遵守会场秩序，注意听讲，不交头接耳，不随便走动，不能瞻前顾后，不做与集会无关的事，更不能起哄、喊叫。

（8）要爱护公物，不可随意搬动会场的公共设施，不可践踏桌椅。

（9）保持会场清洁，不随地吐痰，不吃零食，不乱扔果皮纸屑。

（10）当台上发言人的讲话结束后，要鼓掌致谢。

（11）领导宣布获奖同学、表扬优秀学生时，要适时、适度鼓掌。

（12）集会时，如有上级领导或来宾参加，应在他们到达时以热烈的掌声表示欢迎。

（13）学生上台发言、表演时，走路应稳重，从指定台口上台，站在台上时，双手要自然下垂，站姿端正；下台时应从指定位置离开。

（14）学生上台发言时，要向主席台上的领导和场内同学鞠躬行礼，发言结束后还要道谢。

（15）学生上台领奖时，要做到以下四点。

①听到宣读自己的名字后，学生要迅速整理好仪容，即衣服要整洁，头发不能乱。

②上台时应步子轻快，既不能跑，也不能慢腾腾走。

③上台后要微笑地走向授奖人，立正站好，行鞠躬礼，双手接过奖状和奖品并再次行礼。

④接过奖状和奖品后，转过身有礼貌地向台下展示奖状和奖品，然后按次序走下主席台。

（16）集会结束后，学生要等待领导、来宾、老师先退场，再有序地退场，不喧哗、不拥挤。

三、图书馆礼仪

图书馆是公共阅读场所，要讲究文明礼仪。在图书馆借阅图书时，应做到：

（1）仪表端庄，衣着整洁，不可太过随意。

（2）安静入馆，走路、移动座椅时要轻，阅读时不要发出声音，尽量不要与别人交谈，也不要接打电话，以免影响别人。

（3）爱护图书，轻拿、轻翻、轻放；阅读图书时，不能私自剪裁。

（4）应逐册取阅开架书刊，不要同时取走多份，且阅读后应立即放回原处，以免影响别人。

（5）借阅图书后应按期归还。

四、宿舍礼仪

宿舍是学生课余时间休息活动的集体场所。在宿舍，学生的着装、言谈举止不像在教室等场所正式和讲究，但也应遵守相关制度，按标准整理内务，保持整洁、舒适。

1. 宿舍环境礼仪

（1）保持宿舍内外整洁，每天清理，定期大扫除。

（2）要将被褥折叠得整齐、美观，保持床上用品干净、整洁。

（3）个人物品要整齐地放置在规定之处。

（4）不能在宿舍的墙壁上乱写、乱画或悬挂私人物品。

（5）注意用电安全，正确使用电源，防止火灾的发生。

2. 室友相处礼仪

1）遵守秩序，勿扰别人

自觉遵守宿舍生活秩序，按时就寝、起床，不干扰其他同学休息。上下床动作要轻，翻身要轻，下铺的同学要多给上铺同学提供方便。在宿舍和楼道内不得大声喧哗、打闹、不要影响别人休息。

2）团结同学，和睦相处

同学之间互相团结，互相帮助，和睦相处，关心照顾有困难生病的同学。当同学间发生矛盾时，要互谅互让，严于律己，宽以待人。

3）尊敬老师，礼待家长

宿舍管理老师的任务，是对学生进行住宿管理和生活指导，应该受到尊敬。老师到宿舍时，学生应起立问候，真诚、友善地交流情况。若同学家长来访，学生应主动、热情地打招呼，展现良好的修养。

五、食堂礼仪

食堂是用餐场所，是充分体现同学们文明素养的地方。因此，我们要遵守就餐秩序，讲究公德。

1. 排队就餐，文明礼让

在食堂用餐时，大家要排队礼让，不能大声喧哗、不插队、不拥挤或有敲打碗、盘、桌、椅等不礼貌行为。嘴里有食物时不要说话，要养成良好的卫生习惯，用餐后应用餐巾纸擦嘴、手等，不要和同学打闹，以免出现意外事故。

2. 厉行节约，杜绝浪费

买饭时，应根据自己的需求，以吃饱、吃好为原则，不要浪费粮食。清洗餐具时应注意节约用水，还要避免食物残渣堵塞水池。不要将剩下的饭菜随意丢弃在桌子上，就餐后应把餐具放到指定位置。

3. 尊重食堂工作人员，言行礼貌

尊重食堂工作人员的劳动，使用礼貌语言；主动配合食堂工作人员的工作，不当面评论饭菜质量的好坏，出现问题或有意见，应通过正常途径妥善解决；不随地吐痰，不乱扔杂物，保持环境卫生。

六、洗手间礼仪

随着社会的发展，洗手间礼仪越来越受到关注，了解和讲究洗手间礼仪是文明素养的直接体现。

1. 耐心等候

去洗手间时如遇人多的情况，应在外排队等候。抢占位置或大声催促前边的人是缺少素质的行为。

2. 随手关门

多数洗手间的蹲位是相对独立的（男生的小便池除外），进入后应随手关门，若不锁门，容易造成误会。

3. 及时冲水

使用便池、马桶后应立即冲水，以免影响别人的使用。应将用过的卫生纸扔入

纸篓中，以免造成堵塞，给维护工作带来麻烦。洗手时，应节约用水，尽量不要将水溅到水池四周。

4. 整理衣饰

走出洗手间之前要整理好衣服。有些人因为匆忙或行为随意，从洗手间出来后，边走边整理衣服，这很不雅观。

传而有礼

中华人民共和国国旗

一、国旗的由来

1949年6月16日，新政协筹备会决定成立国旗、国徽图案初选委员会，并于当年7月14日至8月15日在人民日报等报纸发表了征稿启事。1949年9月全国政协第一届全体会议期间，初选委员会将收到的3 012幅图案选了38幅印发全体代表讨论。1949年9月25日晚，毛泽东同志召开了国旗、国徽、国歌、纪年、国都协商座谈会。1949年9月26日，经过反复讨论，全国政协一届全体会议国旗、国徽审查组，通过了第323号设计图案，五星红旗为当选图案。

二、国旗的象征意义

中华人民共和国国旗的红色象征革命。国旗上的五颗五角星及其相互关系象征中国共产党领导下的革命人民大团结。四颗小五角星代表工人、农民、小资产阶级和民族资产阶级。大五角星代表中国共产党。旗面为红色，象征革命。中国国旗中的五角星呈黄色，表示中华民族为黄色人种。五颗五角星互相联缀、疏密相间，象征中国人民大团结。每颗小五角星各有一个尖角正对大星中心点，表示人民对党的向心之意。

根据《国旗法》第十七条的规定，升挂国旗时，应当将国旗置于显著的位置；列队举持国旗和其他旗帜行进时，国旗应当在其他旗帜之前。

与其他旗帜同时升挂时，应当将国旗置于中心、较高或者突出的位置。在外事活动中同时升挂两个以上国家的国旗时，应当按照外交部的规定或者国际惯例升挂。

在直立的旗杆上升降国旗，应当徐徐升降。升起时，必须将国旗升至杆顶；降下时，不得使国旗落地。下半旗时，应当先将国旗升至杆顶，然后降至旗顶与杆顶之间的距离为旗杆全长的三分之一处；降下时，应当先将国旗升至杆顶再降下。

升旗时，所有在场人员都要肃立、端正。当主持人宣布奏国歌、升国旗仪式开始后，场内全体人员都要起立、立正，要面向国旗肃立致敬，行注目礼。国歌奏响时，走动或经过现场的人员都应停步，面对国旗，自觉肃立，待升国旗完毕方可走动。

面向国旗行注目礼时神态要庄严。升旗仪式非常严肃、隆重，在场的所有人员都要行注目礼，仰视国旗冉冉升起。行注目礼时，一定要注意，让目光随着国旗升起。

堂下固礼

1. 如何与同学保持融洽的关系？
2. 你的行为举止是否符合中学生守则和学校的行为准则？
3. 如果在校园中发现不文明行为，我们应该用什么方法劝阻？
4. 简述正确进出老师办公室的方法。（和本组同学分角色演练）

主题 2 家庭礼仪 孝敬礼善

家书报平安

梁启超有九个孩子。在他的教育、引导下，个个成为某一领域的专家，甚至还有一门"三院士"的佳话。"三院士"分别是建筑学家梁思成、考古学家梁思永、火箭控制系统专家梁思礼。另外，四儿子梁思达是经济学家，次女梁思庄是图书馆学家，三女儿梁思懿是社会活动家。

导学悟礼

梁启超对于子女的爱是全方位的，不仅体现在求学方面，也体现在为人处世，甚至理财、时政等诸多方面。阅读《梁启超家书》后，大家就会了解在写给孩子们的信中梁启超教育子女的表现堪称典范。

给孩子们写信时，梁启超毫不掩饰自己的爱。他在1927年6月写的一封信中提道："你们须知你爹爹就是最富于感情的人，对于你们的感情，十二分热烈。你们无论功课如何忙，最少隔个把月总要来一封信，只有几个字报报平安也好。"

▶ 教学目标

知识目标：学习并掌握家庭礼仪的原则，掌握与父母、邻居相处的方法。

能力目标：在日常生活中讲究沟通方式，逐步提高沟通能力。

素养目标：养成良好的行为习惯，孝敬父母，礼待邻居、亲友。

行礼篇　礼仪从点滴做起——人际交往礼仪

行其一　与父母相处

走进礼堂

父母与子女之间的感情是天性。家庭之所以稳定，是因为两代人之间有血缘关系。孔子的一位学生曾经问他："老师，你经常讲孝敬父母，是不是指在衣食住行方面供养父母，并且经常让他们高兴？"孔子摇头答道："不是。如果说供养和宽慰父母就是孝敬，那么忠实的仆人为主人劳作，讨主人欢心，是不是也算孝敬？孝敬父母不是因为要报答父母，而是一种朴实而又真挚的情感。"

家庭礼仪，是家庭生活中亲子关系及兄弟姐妹、亲戚朋友、邻里之间关系的礼仪规范。孝敬父母，关爱长辈，还能给家庭生活带来和谐、幸福和欢乐。

学习礼规

孝敬父母和尊敬长辈是子女和晚辈的本分，也是中华民族的传统美德。作为子女，对父母长辈的尊重和关爱要从点滴小事做起。

一、懂得感恩，勇于担当

古语有云："羊有跪乳之恩，鸦有反哺之义。"每个人的成长都离不开父母的帮助，作为子女，应该懂得感恩。随着父母的衰老，逐渐成长的子女应有所担当，为他们分忧。

二、尊重父母，孝敬父母

1. 称呼要正确

父母是我们生命中最重要的人，他们养育我们长大，无私地付出一切。子女尊敬父母时，从称呼上就要有礼貌，既亲切又显示出对他们的尊重。在正式场合，子女可以称呼父母为"父亲、母亲"；向别人介绍自己的父母时，使用"家父、家母"，以示尊敬；在日常生活中，子女可以称呼父母为"爸爸、妈妈"，以示亲切。

2. 呼唤要回应

当听到父母呼唤时，作为子女要及时回应，不可敷衍了事，更不可充耳不闻。如果此时手中有要事不能暂停，需及时告知父母；如父母急需帮助，我们需立即放下自己的事情，以帮助父母解决问题为先。

3. 回家、出门要告知

《弟子规》中提到"出必告，反必面"，这是让父母安心和尊重父母的表现。子女外出时要向父母禀报，父母不在家时可以留下纸条，让他们知道自己的去向；返回家中要告知父母；如果有事晚归也要事先打电话告知父母，免得他们担心。

4. 任务要完成

作为子女，要主动承担力所能及的事情，父母工作较忙，有些事情如果能帮忙，要积极去办，尽早完成。当父母交代的任务比较棘手，不能马上解决时，也应尽可能地从言语、行动、心理上给予父母支持。

5. 讲话耐心听

作为子女，要耐心地听取父母的建议，遇事多与父母商量，即使父母说的有错误的地方也不要争执，可以耐心解释，互相体谅。有的时候父母会一件事情反复讲，我们需要静下心来，用心去聆听父母这些重复的话语，你会发现这些"唠叨"里饱含着关爱、承载着期望，不要用不耐烦的语气回答"知道了"。

6. 勿让父母操心

如果子女能谨慎持身，不生病，也不沾染不良习气（如酗酒、抽烟、赌博等），不让父母感到忧虑，这就是最基本的孝了。我们照顾好自己，让父母少一分牵挂，少一分担心，少一分不安，这才是对他们最好的回报。

三、关心父母

在家庭生活里，子女对父母及时、关切的问候，是尊重和体贴的表现。在忙碌的工作之余，父母如果能得到子女温馨的问候，疲惫、烦恼，都会消失。

1. 关心父母的身体

子女要关心父母的身体，当父母生病时，要把他们照顾得很周到，这是对父母最大的关心。疾病是中老年人最大的麻烦，越是身体不好的人，越需要子女的关心。子女对生病的父母，一定要悉心照料他们的衣食起居，随时嘘寒问暖，给他们更多的关心。

2. 关心父母的安全

子女要像父母关心自己一样，时刻关心父母的安全，如关心父母外出时的交通安全和在天气变化时的健康安全等。

3. 记住父母的生日

准确记住父母的生日并送上关心和祝福，哪怕没准备礼物，只给了一个拥抱，也能让他们欣喜若狂。子女要大方地表达自己对父母的思念和祝福："爸爸，我爱您，祝您生日快乐。""妈妈，我想您了，祝您生日快乐。"

4. 关心帮助父母学习

随着科技的迅速发展，智能家居可以远程遥控，这样方便、高效的科技给现代年轻人带来了便利的生活，但是父母可能会因为年龄、精力的限制，而陷入无法融入现代科技智能环境的窘境。父母因为岁数大了，对新事物接受得可能慢一点，因此，子女要有耐心，多鼓励他们，认真帮助他们。

四、体谅父母

父母也不是全能的，子女不攀比、体谅父母的辛苦也是对他们的尊重。父母为了事业和家庭、为了子女而辛勤地工作，随着年龄的增长，身体会逐渐衰老，可能就没有过多精力关注自身的穿着，或许还会有某些不良的生活习惯。作为子女，要设身处地为父母考虑，时刻关心父母的状态。有些人嫌弃父母跟不上时代的潮流，这是非常不孝的。

作为子女，孝敬父母、关心父母、体谅父母、帮助父母是应该的。

用礼践行

与父母产生矛盾应该如何处理？

子女在与父母产生矛盾时，需要冷静处理。

1. 处处为父母着想

生活、工作的艰辛，人情世故的复杂使每个家庭承受着不同程度的压力。父母也是普普通通的人，面对繁杂琐碎的生活，也有心情烦躁的时候，免不了发脾气或与家人产生摩擦。作为子女，要学会化解矛盾，遇到父母有失误时切不可得理不让人，与父母大吵大闹或对其不理不睬。这样做只会适得其反，伤害父母，疏离亲情。

2. 运用委婉的方式规劝父母

"亲有过，谏使更。怡吾色，柔吾声。谏不入，悦复谏。号泣随，挞无怨。"作为子女，无论何时都应该对父母保持足够的尊重，即使父母由于一时的疏忽而言行有失，也应该使用委婉商量的方式规劝，帮助他们改正错误。通情达理的父母，容易接受儿女的规劝；当父母比较固执时，子女要开动脑筋，分析原因，站在父母的角度考虑问题并提醒父母。子女不论采取什么方法，只要动机是关心和爱护长辈的，做法是礼貌和婉转的，终究会有效果的。

传而有礼

中华民族传统孝道

孝道是中华民族的基本传统道德行为准则。《尔雅》中对孝的定义是"善事父母为孝。"汉代贾谊的《新书》中对孝的定义为"子爱利亲谓之孝"。

人们只有想着如何养育好下一代，才能对父母、祖先和社会有所交代；下一代想着如何把奉养父母的责任担在肩上，时刻想着如何让父母生活得更快乐。孝是子女对父母的善行，是中晚辈在处理与长辈的关系时应该具有的道德品质和必须遵守的行为规范。

一、"养亲"（赡养）即孝

传统孝道的物质基础就是要从物质上供养父母，即赡养父母，这是子女最低限度的孝行。儒家提倡在物质生活上要首先保障父母，孝道强调老年父母在物质生活上的优先性，如果父母生病，要及时诊治，精心照料，多给父母生活上的关怀。孔子提出"父母唯其疾之忧"的观念，即子女应以父母的疾病为忧。在这种思想的影响下，不少子女在父母患病时能精心侍奉。

二、"敬亲"（或"尊亲"）即孝（图3-1）

传统孝道的精髓在于提倡对父母要敬和爱，不仅要求子女对父母尽奉养的义务，更重要的是子女对父母有敬爱之心。若没有敬和爱，就谈不上孝。孔子曰："今之孝者，是谓能养。至于犬马，皆能有养；不敬，何以别乎？"对待父母不仅应保证物质供养，关键要有对父母的爱，而且是发自内心的爱。若没有这种爱，不仅谈不上对父母孝敬，而且和饲养犬马没有什么区别。同时，孔子认为，子女履行孝道最困难的就是时刻保持这种爱，即心情愉快地侍奉父母。

"敬亲"要求子女从内心发出对父母的真诚的敬爱之情，以满足父母的精神需求，使父母在精神上得到欣慰，保证他们心情愉快，真正实现"老有所乐"。"敬亲"是子女对父母发自内心的自然情感流露，它反映出人作为理性动物，在精神上的尊敬要求和情感交流，体现了人的文明和教养程度，在孝道中比"养亲"的层次更高。

图3-1　"敬亲"（或"尊亲"）即孝

三、"安亲"即孝（图3-2）

在"养亲"和"敬亲"的基础上，儒家又提出"安亲"的要求。"安亲"有两层含义：一是"外安其身"；二是"内安其心"。有人认为，只要赚了钱给父母买房子，请保姆照顾他们，带他们吃大餐和旅游，就是孝顺父母。其实，这只是"外安其身"。因为父母不仅有物质需求，还有精神需求。

所以，孝顺父母时，不仅要"养亲""敬亲"，更要提倡"安亲"。"安亲"是要求子女要生活自立，家庭和睦，修身行道，不要违犯刑律，不行不义之事，不做冒险危害生命之事，以免父母为其过错和安全担惊受怕，保证父母的心能安宁、平静，从而达到以静养心的目的。

图 3-2　"安亲"即孝

四、"卒亲"即孝

百善孝为先。孔子及其儒家要求子女孝敬父母，不仅限于一时一事，而是从其生到其死都要严格地依礼侍奉父母，将其孝心贯彻于人生始终。这就是孔子所说的"生，事之以礼；死，葬之以礼，祭之以礼"。

同时，儒家还要求子女"立身行道，扬名于后世，以显父母，孝之终也"，即要求子女在立言、立德、立功上为社会做出重要贡献，以扬名显亲，光宗耀祖，做到"慎终追远"，从而达到"扬名声，显父母，光于前，裕于后"的目的，这是最高境界的孝道。

所以，只有对于父母心存深爱、真情，子女才能真正做到"养亲""敬亲""安亲"和"卒亲"。

我国的孝道文化包括敬养父母、生育后代、推恩及人、缅怀先祖等，由个体到整体，可以修身、齐家、治国、平天下。

堂下固礼

1. 给父母打电话，表达自己对他们的关心。
2. 和父母进行一次深入交谈，谈一谈自己的未来规划和人生目标并征询父母的建议。

行其二 与邻居相处

走进礼堂

俗话说"远亲不如近邻",与邻居和睦相处是我们应该积极追求的目标。我们和邻居之间往往由于家庭环境、性格脾气、社会阅历、文化素养等方面的不同存在着不同的差异,很容易产生分歧。大家抬头不见低头见,接触得十分频繁,应当讲文明,懂礼貌,努力做到互敬、互信、互助、互让。

学习礼规

与邻居相处时需要遵循一定的原则。

一、尊重

尊重是建立良好邻里关系的首要原则。每个人都应该尊重邻居的权利、隐私和生活方式,不要干涉邻居的生活方式,也不能对邻居生活进行评价和批评。同时,还要尊重邻居的文化和习俗,避免发生冲突。

应该尊重邻居的隐私。不要随意闯入邻居的家庭或私人领域,不要偷窥邻居的生活。同时,也要注意保护自己的隐私。

二、沟通

沟通是建立和维护良好邻居关系的重要手段。因此,邻居之间应该经常沟通交流,了解彼此的需要和问题,可以通过社区活动、聚会、社交媒体等方式来加强沟通,促进彼此的了解。当发生问题时,应该及时沟通,避免矛盾加剧。

三、合作

合作参与社区活动、社区建设可以帮助人们建立良好的邻里关系。邻居之间可以通过合作来解决问题，共同提高生活质量，如合作修理社区公共设施、共同维护社区环境、共同组织社区活动等。这样不仅可以解决实际生活问题，还可以增强社区的凝聚力。

四、互助

俗话说"一个好汉三个帮"，邻居之间互相帮助有助于让大家相处得更好。当邻居需要帮助时，其他邻居应该伸出援手为他们提供帮助。例如，帮助邻居行动不便的老人；帮助邻居照顾放学没带钥匙的孩子；遇到邻居提、搬重物时，主动让路；帮助邻居提供修理工具，等等。这样不仅可以解决实际问题，还可以增进邻里之间的友谊。

五、宽容

宽容是与邻居相处的一项重要原则，古人都能做到"让一让，六尺巷"，如今的我们更要以和为贵，切不可"得理不饶人，无理搅三分"。能够宽容邻居的过错是一种美德，不要随便猜疑，管理好自己的言行起居，做到文明居住、文明出行。

用礼践行

居住场所是人们日常生活的场地，人群集中，需要遵循与邻里相处的礼仪。

一、居家生活，控制音量

在居家生活中，噪声是干扰人们正常休息、生活的主要问题之一。因此，娱乐时要将电视、音箱等的音量调低，以免影响邻居休息。在装修之前，要和邻居打招呼控制好时间，装修的时间尽量短一些，还要避开午休时间；搬动桌椅时要轻些，不在屋内砸东西，不穿发出声响的鞋走来走去；如果小朋友在屋里乱跑乱跳，应及时制止。

二、公共场所，礼貌礼让

在公共场所与邻居友好相处、礼貌礼让体现在细节之处。例如，在与邻居相遇时，要适当寒暄，对于新邻居，可以微笑致意，不能视而不见。上、下楼时尽量选择右侧通行，遇到对面有人或者有人有急事需要快速通行时，可以适当避让；上、下楼时脚步要轻，不要大声喧哗，尤其是清晨、午休、深夜，以免惊扰邻居；上、下楼时不要奔跑，避免出现安全隐患；不要长时间占用电梯。

三、公共空间，保持整洁

楼道、电梯、小区院内都属于公共区域，保持整洁是每个人的责任，不要将垃圾、废物扔在门口，保持环境卫生和空气清新。另外，不能占用公用空间，如安全通道是保证楼中居民在出现危险时能安全逃跑的逃生路线，是生命通道，一定要保证畅通。

四、公共设施，用心维护

小区花园、楼道、电梯、健身器材、地下车库、门前道路等都属于共同生活的邻居们的公共设施。节约用电、不乱涂画、用心维护设施的正常使用都是在保护我们自己的生活环境。每家每户的下水管道也属于公共设施，不能在里面乱扔垃圾，以免堵塞。维护公共设施，减少因公共设施损坏而带来的生活不便。

五、高空抛物，杜绝出现

住在楼上的邻居要注意保护楼下人员和物品的安全。例如，在高楼阳台为花浇水、清理窗台的时候，应先看看楼下是否有人，有没有晒衣被，要保证楼下行人的安全，以及避免污染楼下晾晒的衣被。尤其不要高空抛物，这种现象曾被称为"悬在城市上空的痛"。《关于依法妥善审理高空抛物、坠物案件的意见》中表明，对于故意高空抛物者，应根据具体情形按照以危险方法危害公共安全罪、故意伤害罪或故意杀人罪论处。

六、宠物管理，清静洁净

宠物也是邻居之间产生矛盾的焦点。现在，养宠物的人越来越多，宠物的种类也很繁杂，不要让宠物成为邻居之间关系的障碍。因此，做好宠物管理尤为重要。首先，管理好宠物的活动范围。例如，当邻居到家里拜访时，应将宠物管理好再开门；外出遛狗时要拴绳。另外，还要管理好宠物发出的噪声。例如，对猫、狗、鸟等宠物进行训练，以免它们的叫声打扰邻居休息。最后，对宠物进行清洁管理，如经常清理宠物的排泄物，以保持空气清新。

七、有借有还，借用有度

邻居之间的互助可以解决人们生活中的实际问题，省时省力，但也要注意求助邻居要有界限。例如，借邻居的物品要及时归还，如需再借，要和邻居打声招呼，经同意后再续借；如果物品损坏要道歉并赔偿，如果邻居不索取赔偿，也要以其他形式补偿。最好不借用贵重物品。

传而有礼

"六尺巷"的故事

清代中期，当朝宰相张英与一位姓叶的侍郎都是安徽桐城人。两家毗邻而居，都要起房造屋，为争地皮发生了争执。张老夫人便修书一封送至北京，要张英出面干预。这位宰相到底见识不凡，看罢来信，立即作诗劝导老夫人："千里家书只为墙，让他三尺又何妨？万里长城今犹在，不见当年秦始皇。"张母见诗明理，立即主动把墙退后三尺。叶家见此情形，深感惭愧，也马上把墙退后三尺。这样，张、叶两家的院墙之间就形成了六尺宽的巷道，成为有名的"六尺巷"（图3-3）。

"六尺巷"的故事告诉我们：礼让、和睦是中华民族的传统美德。古代的开明之士尚能如此，今天的我们应该比古代人做得更好。争一争，行不通；让一让，六尺巷。

六尺巷这件事，说大不大，但弘扬了美德，体现了博大的胸怀。只有人人学会谦让，人人学会宽容，社会才能和谐。

行礼篇　礼仪从点滴做起——人际交往礼仪

图3-3　六尺巷

堂下固礼

1. 收集描述邻居间相处之道的谚语、格言并和同学们交流。
2. 和同学们说一说你的邻居，找出他们的优点。

主题 3 交往礼仪 温文尔雅

千里送鹅毛，礼轻情意重

"千里送鹅毛"的故事发生在唐朝。

当时，云南某少数民族的首领为表示对唐王朝的拥戴，派特使缅伯高向唐太宗进献天鹅。路过沔阳湖时，好心的缅伯高把天鹅从笼子里放出来，想给它洗澡。不料，天鹅趁机展翅飞向高空。缅伯高忙伸手去捉，只扯得几根鹅毛。缅伯高急得顿足捶胸，号啕大哭。随从们劝他说："已经飞走了，哭也没有用，还是想想补救的办法吧。"缅伯高想了想，觉得也只能如此了。

导学悟礼

到了长安，缅伯高拜见唐太宗并献上礼物。唐太宗见是一个精致的绸缎小包，便令人打开，发现里面有几根鹅毛和一首小诗。诗曰：

　　　　天鹅贡唐朝，山高路远遥。

　　　　沔阳湖失宝，倒地哭号啕。

　　　　上复圣天子，可饶缅伯高。

　　　　物轻情意重，千里送鹅毛。

唐太宗感到莫名其妙。缅伯高随即讲出了事情原委。唐太宗连声说："难能可贵！难能可贵！千里送鹅毛，礼轻情意重！"

▶ **教学目标**

知识目标：学习并掌握介绍、演讲、拜访、待客、馈赠、乘车、求职等的礼仪规范。

能力目标：通过学习、实训相结合的方式，学生可以熟练掌握人际交往礼仪规范。

素养目标：学生通过了解人际交往的礼仪规范，了解人际沟通的细节，促进沟通能力的提升，"腹有诗书气自华"，成为谦谦君子。

行礼篇　礼仪从点滴做起——人际交往礼仪

行其一　介绍礼仪

走进礼堂

介绍是从中沟通，使双方建立关系的意思。介绍是社交场合中相互了解的基本方法。通过介绍，人们之间的距离可以更近，以便更好地交谈。人们在介绍中的得体表现会成为人际关系"通行证"。

学习礼规

在日常生活与工作中，人们常用的介绍方式有自我介绍、他人介绍和集体介绍。

一、自我介绍

自我介绍就是主动向他人说明自身的情况，是促使双方从陌生到熟识的有效方法。在进行自我介绍的时候，原则上应注意把握时间、端正态度与设计内容等。

1. 把握时间

自我介绍时应注意的时间问题具有双重含义。一方面，要考虑自我介绍应在何时进行。一般认为，把自己介绍给他人的最佳时机应是对方有空闲的时候；对方心情好的时候；对方有兴趣认识我们的时候；对方主动想要认识我们的时候。另一方面，要考虑自我介绍应大约使用多少时间。一般认为，用半分钟的时间进行自我介绍就足够了，至多不应超过一分钟。

2. 端正态度

在进行自我介绍时，态度一定要亲切、自然、友好、自信。介绍者的表情应当自然，眼睛看着对方或大家，要善于用眼神、微笑和自然亲切的面部表情来表达友谊。介绍时，可将右手放在自己的左胸上，不要指着自己。

3. 设计内容

姓名的全称、供职的单位、负责的具体工作，被称作构成介绍的主体内容的三大要素。在做自我介绍时，其内容在三大要素的基础上又有所变化。根据内容方面的差异，自我介绍可以分为五种类型。

1）应酬型

其主要适用于一般性的人际接触，只是简单介绍一下自己，如"您好！我的名字叫×××"。

2）沟通型

其主要适用于普通的人际交往，目的在于寻求与对方交流或沟通，内容可以包括本人的姓名、单位、籍贯、兴趣等，如"您好！我叫×××，××人。现在在一家银行工作，您喜欢看足球吧？我也是一个足球迷。"

3）工作型

其以工作为介绍的重点，即以工作会友。内容的重点集中于本人的姓名、单位以及工作的具体性质，如"女士们，先生们，各位好！很高兴有机会把我介绍给大家。我叫×××，是××公司的销售经理，专门负责本次会议的接待，我随时都愿意为在场的各位效劳。"

4）礼仪型

其主要适用于正式而隆重的场合，属于一种出于礼貌而不得不作的自我介绍。其内容除了必不可少的三大要素以外，还应附加一些友好、谦恭的语句。如"大家好！今天机会难得，请允许我做一下自我介绍。我叫×××，来自××公司，是公关部经理。今天，我第一次来到美丽的杭州，这里美丽的风光一下子深深地吸引了我，我很愿意在这里多待几天，也很愿意结识在座的各位朋友，谢谢！"

5）问答型

其一般适用于应试、应聘和公务交往。问答型自我介绍的内容是对方问什么就答什么。

二、他人介绍

为他人介绍前，首先要了解双方是否有结识的愿望；其次要遵循介绍的规则；再次是在介绍彼此的姓名、工作单位时，要为双方找一些共同的谈话材料，如共同爱好、共同经历或都感兴趣的话题。

1. 介绍的规则

（1）先将男士介绍给女士。

（2）先将年轻者介绍给年长者。在同性别的两人中，先将年轻者先介绍给年长者，以示对前辈、长者的尊敬。

（3）先将社会地位低者介绍给社会地位高者。在任何场合，都应将社会地位低者介绍给社会地位高者。

（4）先将未婚者介绍给已婚者，如在两位女士之间，未婚的女士明显年长，则将已婚的介绍给未婚的。

（5）先将客人介绍给主人。

（6）先将后到者介绍给先到者。

2. 介绍的礼节

1）介绍人的做法

介绍时，要有开场白。例如，"请让我给你们介绍一下，王小姐，这位是……""请允许我介绍一下，李先生，这位是……"。

介绍时，动作要文雅。为他人做介绍时，手势动作要文雅。无论介绍哪一方，都应手心朝上，四指并拢，大拇指张开，指向被介绍的一方。

介绍时，表情要自然。作为介绍者，在介绍时常用点头微笑来致意，表情要自然，展现出真诚友好的态度。

介绍时，语言逻辑要清晰。介绍人在介绍时，语言不能含糊其词，应让双方记清对方的姓名。在介绍某人优点时要恰到好处，不宜过分称颂而导致难堪的局面。

2）被介绍人的做法

（1）态度。被介绍的双方都应当表现出结识对方的热情。

（2）体态。被介绍的双方都要正面对着对方，除特殊情况外，一般应该站起来，但若在会谈进行时或在宴会等场合，则不必起身，略微欠身致意就可以了。如果方便，等介绍人介绍完毕后，被介绍的双方应面带微笑地握手致意。

（3）语言。被介绍者寒暄时要恰当使用礼貌用语，如"你好""见到你很高兴""认识你很荣幸""请多指教""请多关照"等。如果有需要，还可以互换名片。

三、集体介绍

如果被介绍的双方人数较多时，则应根据具体情况采取不同的办法。

1. 将一个人介绍给大家

这种方法主要适用于在重大的活动中对于身份高者、年长者和特邀嘉宾的介绍。介绍后，可让所有来宾自己去结识这位被介绍者。

2. 介绍多人

这种方法适用于在非正式的社交活动中，使那些想结识更多前辈的年轻人满足自己的交往需求，即由他人将那些身份高者、年长者介绍给自己；也适用于正式的社交场合，如领导者接见劳动模范时；还适用于两个处于平等地位的交往集体的互相介绍；开大会时主席台就座人员的介绍。介绍多人的基本顺序有两种，一种是按照座次或队次介绍；另一种是按照身份的高低顺序进行介绍。注意，不要随意介绍，以免给来者留下厚此薄彼的印象。

用礼践行

自我介绍是向他人展示自己的一个重要手段，自我介绍的优劣，直接关系到我们给他人的第一印象及以后的交往是否顺利。

自我介绍不仅是展示自己的手段，也是认识自我的手段。古人云："知仁者智，知己者明。"认识自己，给自己一个准确的定位，并不是一件很容易的事，而通过自我介绍，可以对自己有更清楚的认识。

在进行自我介绍时，我们应注意把握好细节，给对方留下良好的印象，但应注意一些禁忌。

1. 一直说"我"

做自我介绍的时候，很多人因为不知道该怎样开始，经常用到"我"字，往往在一句话里使用很多个"我"字会显得不够自信。

2. 说话空泛

若急于推销自己，说出的话就会很空泛。比如在面试时，主考官问"你的兴趣是什么？"我们回答"看文学作品"，而当主考官再问"你喜欢哪些作家的作品？"时，你搜肠刮肚也想不出来，这样会给人留下吹嘘的印象。

3. 说话不留余地

说话不留余地是很多人在自我介绍时容易出现的问题。有些人为了体现自己的能力价值，与别人初次见面时就对自己的经历夸大其词，比如号称自己有什么样的实力，获得了什么成绩，经过深入接触后，如果别人发现之前的自我介绍与事实不符，便会大幅度降低我们的可信度。

4. 轻易承诺

做出一些夸大、不能实现的承诺是很多人非常容易出现的问题。从心理方面分析，这是不想被别人轻视，想要证明自己很有能力的表现，但出于冲动做出的承诺会给自己带来不必要的麻烦。

5. 没有讲清楚自己的名字

很多人对自己的名字介绍得不清不楚，给人的印象不深刻，在你发言结束之后大部分人已经忘记你在最开始时是怎样介绍的了。

6. 说话"啰嗦"

做自我介绍时，话不在多，简明扼要即可。若表达得过于啰嗦，会让人质疑我们的总结概括能力和表达能力。

传而有礼

中国古代名片

一、中国古代名片的演变

【谒】

我国古代的名片在秦汉时期就已经出现了，但由于那时没有纸张，名片的材质一般为木块或竹块，体积比较大。先秦时期，政府机构设有"谒者"的官员，主要做侍奉国君左右专门掌管传达等事务。在秦始皇统一中国后，一些达官贵人府中也安排了专门负责接待客人的"谒者"，他们会根据主人的意思来反馈信息给来访者，工作内容大概和今天的秘书相似。后来为了方便，又出现了"谒"，上面写有拜见者的信息、求见原因，可以直接投递到对方府上。秦汉时期，社会等级森严，"谒"为达官贵人所用，不会让平民百姓触及。

【刺】

到了东汉时期,"谒"易名"刺"。随着纸张的发明,"刺"也改用纸张,纸张的发明也促进了"刺"的使用,不再像秦汉时期那样有很多等级限制了。

【门状】

唐宋时期,科举制度盛行,给底层百姓进入上层社会提供了机会。每次科举考试后,学生们还得四处拜访达官贵人,期望得到赏识和提携,而要见到这些名门贵族,先得投"门状",再等待他们接见。

【名帖】

在明朝,名片称为"名帖"。那时,读书仍是百姓唯一的出路,所以识字的人在明朝相比其他朝代有所增加,也比较讲规矩,学生见老师,下级见上级都要递上"名帖"。"名帖"上的字要大,以表示自己的谦恭,如果太小则被视为傲慢,且要写满整个名帖,明朝"名帖"大小约为长七寸①,宽三寸。"名帖"直到清末民初才称为"名片",趋向于小型化,尤其是在官场上,通常以"名片"的大小来显示地位,即官大的名片小,官小的名片大。

二、古代名片的使用方法

古代名片除了各时期的称呼不同,内容和规矩和今天也有一些差别。身份和地位相近的人,名片上一般写官职、郡里、姓名,在一些不是很庄重的场合,还可以只写姓名。下级拜见上级时,内容多为谦恭之词,如"某谨上,谒某官,某月日",或"某谨祗候""某官谨状"等。

古代名片的使用规矩也不少,出门拜客必先投名片,投了名片如果不见面,必被人们反感。明清时期,等级不同的人使用的名片也不同,最明显的区别是颜色,如位高权重的人通常使用红色,而皇亲国戚的名片就更加与众不同了,如亲王的名片上会写有"王"字或者别号,以此来显示自己身份尊贵。

名片的使用与一些习俗、礼仪也有关联,当家中有丧事时,名片上的左角会写上"制"字或四周画上黑边框。古代的名片还有一种用处,即拜年,如春节将至,亲戚朋友众多,但交通条件落后,不能一一拜访,这时可以遣派仆人携名片前去拜年,这种名片称为"飞帖"。有意思的是,各家都会在门前贴一红纸袋,用来

---

① 1寸≈3.33厘米。

接"飞帖",意为接福。"不求见面惟通谒,名纸朝来满蔽庐,我亦随人投数纸,世情嫌简不嫌虚"是诗人文徵明在《贺年》中对"飞帖"拜年的生动描写。

"名片"是古人适应经济文化发展,交流发明的交流工具,且与时俱进,反映了当时的社会形态,也没有随着经济的发展而消亡,现代的名片在古代名片的基础上发展而来,还传到了国外。

堂下固礼

1. 写一份进入社团的自我介绍(时间为1~3分钟)。
2. 写一份实习前的自我介绍(时间为1~3分钟)。
3. 对比两份自我介绍的异同。

行其二　演讲礼仪

走进礼堂

演讲是一种常用的传递信息、树立个人良好形象的方式。除专业演讲外,在运动会、宴会、大型会议中常用的开幕词、闭幕词、祝酒词、欢迎词、贺词等都是不同形式的演讲。演讲是一种语言艺术,对体态、表情、手势都有一定的要求。在演讲中,讲只是其中一部分内容,而另一部分则侧重演。演讲者落落大方的仪态、恰当得体的措辞、抑扬顿挫的语调都会给观众留下良好的印象。

学习礼规

一、演讲者得体的服饰

仪表整洁会增添演讲者的魅力,整洁的服饰代表演讲者振奋、积极、向上的精神状态,而观众也会通过演讲者的衣着打扮来衡量其文明与修养程度。

1. 服装款式

服装的款式要与演讲的环境搭配，如果在正式的会议、宴会、比赛等场合，不宜穿得过于时尚，适宜着正装；如果在运动会、茶话会、团建活动等休闲、轻松的场合，则适宜着休闲装，这样显得更有亲和力。

2. 三色原则

演讲时服装的色系不宜超过三种，若颜色过多或过于花哨，便会干扰观众对演讲者演讲内容的理解和把握。特别需要注意的是，如果演讲是在晚上或者室内灯光环境中进行，选择服装颜色时最好是在灯光下进行。

3. 妆容与配饰

演讲是生活风采的体现，不是艺术表演。因此，演讲者不必浓妆艳抹，应保证衣着整洁、着装大方，化生活妆即可。

二、演讲中的表情举止

1. 站姿

男演讲者在演讲时可以采用标准站姿或者谈话式站姿；女演讲者可以采用前腹式站姿，双脚以"V"形或"T"形站立，且可以根据演讲的内容适当地走动。

2. 手势

演讲时，使用恰当的手势动作可以增强演讲内容的感染力，起到烘托气氛的作用。

（1）双手自然下垂，放在身体两侧。

（2）双手并拢放在腹部。

（3）一手半握拳或一手拿演讲稿或翻页笔；另一手垂下。

演讲时的手势不是孤立存在的，要与体态、语言和感情相协调，要与声音、姿势、表情紧密配合。演讲以表演为辅，演讲者的动作要与姿势相协调。男士的手势更适合有力的动作，动作更向外；女士的手势以柔和细腻为主，手掌向内的动作较多。特别需要注意的是，演讲时的手势不宜过多、过于频繁，否则会影响观众理解演讲内容。

1. 表情

演讲时的表情要贴合演讲内容，要自然化、生活化，可以比生活中稍微夸张一些，但不宜过分，不可给人做作之感。尤其不能因演而讲，这样会显得虚假，还有可能引起观众哄笑。

2. 目光

演讲时使用眼神交流非常重要。演讲者要直视前方，目光要左右环视，照顾到两边的观众，以加强演讲者和观众的情感交流。需要随时注意的是，眼神交流要和口语、动作、表情相结合，不能脱离演讲内容。

3. 声音

演讲时的声音和语音语调关系到整个演讲的成败，如果音量太小，会影响观众对演讲信息的接收；音量太大，会影响对语音语调的把握，无法在演讲时做到声音抑扬顿挫、感情收放自如。

4. 礼节

站在演讲上台时，演讲者一般会环视所有的听众，鞠躬致意。在演讲过程中，如果台下听众给予回应，演讲者一般会微笑、点头，或是给予手势表示对对方的感谢。当演讲结束后，观众给与掌声时，演讲者要以45°鞠躬来表达对观众的感谢。如果观众的掌声经久不息，演讲者要以更深度数的鞠躬表达深深的感谢。

用礼践行

观众礼仪

一、着装适宜

衣着整洁、端正，在室内不戴帽子，以免影响后排观众。

二、礼貌入场

一般提前15分钟入场，应对号入座；如果迟到，应先就近入座或在外等候，中间休息时再入场；如果入座时打扰了别人，应表示歉意。

三、保持安静

观看演讲时，不可大声说话或交头接耳；不随便走动；手机关闭或调成静音状态。

四、有序退场

观看演讲时，一般不应中途退场；应等演讲全部结束，演讲者致谢之后再按顺序退场。

五、鼓掌致意

鼓掌是观看演讲、演出时的一种礼貌行为，我们应该正确把握鼓掌的时机。当演讲者上台向观众致意时，应鼓掌回应；当演讲或演出告一段落时，应礼貌鼓掌；当演讲者讲到精彩之处，与我们产生共鸣时，应鼓掌喝彩；当演讲或演出结束时，应给予演讲者热烈的掌声。

传而有礼

朗诵与演讲的区别

朗诵与演讲的区别包括角色身份不同、内容不同、文稿不同、选题不同、体裁不同、即兴不同、音乐不同、艺术不同、性质不同、目的不同。

（1）角色身份不同：朗诵是在扮演成另一个"我"来抒情表意，即演讲稿中的"我"就是演讲者本人。

（2）内容不同：朗诵侧重展现个人抒情表意的能力，演讲则自始至终不能忘掉身边的观众。

（3）文稿不同：朗诵多以诗歌、散文为蓝本，演讲注重说理与抒情的融合。

（4）选题不同：演讲的选题一定要与社会热点、社会重大问题结合在一起，朗诵的选题更加自由。

（5）体裁不同：朗诵内容可以是诗歌，可以是话剧、电影片段，也可以是散文，而演讲的体裁更像议论文。

（6）即兴不同：朗诵通常是现成的、早已有人写好的作品，而演讲有可以是即兴发挥。

（7）音乐不同：朗诵可以配乐，甚至可以配舞，而演讲则不可以。

（8）艺术不同：朗诵必须显示艺术性，而演讲可以不考虑艺术性。

（9）性质不同：朗诵是一种沉浸式的语言艺术，而演讲是一种交流式的语言艺术。

（10）目的不同：朗诵的目的是将作品的思想内容表现出来，而演讲的目的是通过传递演讲者的情感与思想来影响听众的想法。

堂下固礼

1. 写一份宣传校园文明礼仪的演讲稿。
2. 尝试自习课或者早读时在班里演讲自己写完的演讲稿。

行其三　电话礼仪

走进礼堂

电话是现代通信工具，具有简便、快速传递信息的效果。在日常生活中，人们通过电话礼仪也能粗略判断对方的人品、性格；在日常工作中，规范电话礼仪很关键，它能直接影响一个公司的名誉。因此，掌握正确的、礼貌待人的打电话方法是非常必要的。随着科学技术的发展和人们生活水平的提高，手机的普及率越来越高，人们的生活、工作与电话、手机息息相关，每天都要接打电话。有人认为，对着话筒和对方说话比当面交谈简单。其实不然，打电话大有讲究，如果忽略细节，可能会给对方留下不好的印象。电话礼仪也是现代礼仪的基础示范，很值得我们学习。

学习礼规

电话礼仪的基本要求：

（1）通话使用的语言要正确、简洁，态度要谦恭。

（2）通话声音清晰，声调柔和亲切、音量适中。

一、接电话规范

1. 准备工作

在接听电话前,应及时准备好纸和笔,停止一切不必要的动作,以免对方感到你不是在专心接待他,要面带微笑接起电话,让对方在电话中也能感受到你的专业、热情和礼貌。

2. 及时接听

一定要在铃响三次内拿起电话听筒接听,否则对方的第一反应可能是怎么没人接电话?会误认为接电话的对自己不在意。若因故铃响三次后才接听,要说:"对不起,让您久等了。"

3. 耐心倾听,礼貌应答

拿起电话听筒后,先要主动问候招呼,报部门介绍自己,如"您好,这里是××酒店,请讲"。如果想知道对方是谁,不要唐突地问:"你是谁?"可以问:"请问您是哪位?"或者可以礼貌地问:"对不起,可以知道应如何称呼您吗?"这样,既使对方倍感亲切,又拉近了双方的距离,从而营造了十分有利于沟通的氛围。

接听电话时,要把耳朵贴近话筒,仔细倾听对方的讲话,且在通话过程中要做到:

(1)注意谨慎、热情,耐心倾听,也要给对方积极的应答与反馈。对已理解的内容,应回答"嗯嗯""是""对",或"好的""知道了"……向对方及时反馈信息;当听到对方的谈话很长时,也必须有反映,如使用"是的、好的"等来表示你正在听。

(2)注意通话时的语调、语速和措辞,让对方通过你的声音感觉到你很乐意帮助他,杜绝使用任何不礼貌的语言,以免使对方感到自己不受欢迎。

(3)注意双方的通话环境,当电话线路发生故障时,必须向对方确认原因。

(4)做好记录,一般用左手持话筒,右手执笔或敲键盘,而电话记录应简洁明了:何时、何地、何人、何事、何要求,并将重点内容复述一遍,以确保记录准确。

(5)如果对方需要帮助,应尽力提供帮助。

4. 认真对待错打或待接电话

(1)如果接听后发现是对方错打电话,绝对不能说:"打错了!"啪一下挂断。

而应说："××女士/先生，您打错了！"要让对方知道确实拨错了并道歉之后，我们说一声"没关系"，然后挂断。

（2）如果找同事的电话打给你，应负起转告的责任，但不能在听筒未放下时就大声叫喊："××，你的电话！"这样做显得缺乏教养。如果对方找的人正忙着，不能马上接电话，应说："请稍等。"如果对方要找的人不在，不能把电话一挂了事，而要主动说："请问，是否需要转告或留言？"

5. 感谢对方来电，并礼貌地结束电话

在挂断电话前，应用积极的态度应对，一般由发话人先结束谈话，接听电话者不要急于挂断电话，如对方还没有讲完，自己先挂断电话，则是失礼的行为。要等到对方说"再见"挂断电话后，也道声"再见"，再轻轻放下话筒。通话结束后，不要马上议论对方，这样做会给人以两面三刀之感。

二、拨打电话规范

1. 选择适当的通话时间

如非重要事情，打电话尽量避开受话人休息、用餐的时间。工作日应在上班10分钟后、距下班10分钟前打电话，中午休息一般不打公务电话；休息日或节假日尽量别打扰对方，若是工作上有很急的要事，非要打电话，上午最好在9点以后，晚上应在20点以前（以免影响对方休息）。打国际长途时务必注意时差和生活习惯。

2. 正确拨号

熟记或查清对方的电话号码，正确拨号。如果拨错电话号码，应向接电话者表示歉意，不可直接挂断电话。拨号以后，若没有人接，应耐心等待，待铃响六七声后再挂断。否则，如果对方正巧不在电话机旁，待匆匆赶来时电话已挂断，这也很失礼。

3. 用语规范

通话之初，应先做自我介绍，如"您好，我是×××，请问×××在吗？或请×××听电话"。如果要找的人不在电话机旁，需要请受话人找人或代转时，应说"劳驾"或"麻烦您"。如对方一时脱不开身，或正在开重要会议，应说："对不起，麻烦转告他，我过一小时再打电话来，我是×××。"如果找的人已外出，经确认后，可说："对不起，××女士/先生，能否麻烦您为我留言？"如对方同意，

可把留言要点告诉对方，或留下自己的姓名与电话号码，并说："请对方回来给我回电，谢谢。"

4. 掌握通话时间

打电话前，先想好要讲的内容，以便节约通话时间，每次通话不长于3分钟，即"3分钟原则"。

三、通话四忌

1. 不及时接听电话

在工作中，若电话铃响三声后仍未接听，会给别人留下无人在岗的印象，从而影响企业的声誉。

2. 通话不专心，态度懒散

打电话过程中绝对不能吸烟、喝茶、嚼口香糖等。如果打电话时躺靠在椅子上，对方听的声音就是懒散的、无精打采的；若坐姿端正，声音就会亲切悦耳、充满活力。因此，打电话时，要当对方就在眼前，尽量注意自己的姿势。

3. 话语生硬伤人

接到打错的电话或不是本人的电话时表现出冷淡或厌烦，甚至一挂了之；或请其他人来听电话时大声喊叫；单方面无礼貌地打断对方的讲话都是不礼貌的。在工作中，接电话时不报姓名和单位，用"是我"代替姓名；如因为考虑本企业政策而必须拒绝对方的要求，更要注意语气，要机智、平静地对待不友好、不礼貌的来电。

4. 不分场合，顾此失彼

接电话时，如果需要和身边的人讲话，要向对方表示歉意；如果正在接听电话时突然有客人来访，应与其另约时间再谈，如果让来访的客人在一旁等候，也是不礼貌的行为。

用礼践行

使用手机的礼仪规范

手机礼仪是指平常使用手机时应该注意的一些小细节。无论是在社交场合，还是在工作场合，放肆地使用手机都是不守礼仪的表现，因此，手机礼仪越来越受到关注。合理使用手机并注重细节可以帮助我们树立良好的个人形象。

一、合理设置手机铃声

手机不断推陈出新，除功能的不断提升外，手机铃声也是五花八门。但在公共场所，尤其在相对安静的办公场合，手机铃声的设置直接体现了使用者的公共意识程度，减少对别人的影响是大家应有的基本礼貌和义务。

二、手机的摆放位置

在公共场合，要把手机放在合乎礼仪的常规位置上，如：
（1）放置在随身携带的包里。
（2）放在抽屉里面、手边等，最好不要放在前方的桌子上或者挂在脖子上。

三、使用手机时的礼仪

（1）使用手机时，我们需要考虑周围的环境，不能影响别人。

不要在公共场合、座机电话接听中、开车时、剧场里、图书馆里接打手机，在公交车或地铁、楼梯、电梯、路口、人行道等处，也不可以旁若无人地使用手机，应该尽可能地把说话声音压低。

在看电影时或在剧院里打电话是极其不合适的，应采用静音的方式发送微信或行至厅外通话。

（2）与别人见面或者共同就餐时，如果需要接听重要的电话，要在铃声响后向对方说一句"对不起，我出去接一个电话"，然后到安静的地方接听。

四、使用手机的注意事项

（1）不设置搞怪或很刺激的铃声。
（2）不使用免提功能接听或拨打手机。
（3）不要在接听手机时大声喧哗。
（4）在公共场合，应尽量缩短通话时间。
（5）特别电话应另行安排时间预约回复。

（6）不要在别人注视你的时候查看短信。

（7）在短信内容的选择和编辑上，应该使用文明用语。

（8）在用餐时，关掉手机或是把手机调到振动状态是有必要的。

（9）在工作场合，应选择静音或振动模式。

学会接打电话，是人际交往中的一项重要内容。无论是拨打手机还是接听手机，我们都要注意态度谦和、彬彬有礼，要懂得把握好通话的时间、地点、内容，这样做便于我们将来走上工作岗位，让工作中的每次通话都能够适宜、简练、高效。

传而有礼

微信、QQ等通信软件的使用礼仪

在互联网时代，网络通信工具让人们的交流变得更加方便、快捷，微信、QQ已成为大家生活、学习、工作中使用的重要工具。这些通信软件的出现，让过去的"小型会议"可以不受时间、空间的限制，能随时召开，大幅提高了工作效率。

一、使用微信群的原则

微信群的特点是信息量大、透明度高但需要充分讨论。使用微信群的基本原则有：

（1）新建"群"，要说明建群的缘由，让每位群成员了解本群的共同目标。

（2）谈论"群"内共同的话题，不要把"群"作为几个人私聊的场所。

（3）邀请非本团队的人员进群前，要在群内跟大家打招呼。

（4）使用临时"微信群"最基本的原则就是一群一主题，在讨论结束后应解散该群，不要因为"微信群"太多而影响正常信息的接收。

（5）对于一段完整的话，要一次发送出去。当然，一段信息一般也别超过200个字，如果一句句地看，不但效率低，也不容易找到重点，还会很累。如果分段发送，则会被其他人发送的信息干扰，容易使信息缺失。

（6）若发送的信息太过口语化、错别字满屏，会降低沟通效率，重要的消息请打草稿，至少不要有错别字。微信沟通更类似书面语言。

（7）尽量少发微信语音，除非实在时间紧迫或不方便打字，但需要事先说明。

（8）在非工作时间进行工作沟通时，尤其要有节制，只讲最着急的事。就算你是领导，也要先对打扰别人的生活表示歉意。

二、添加微信的礼仪

微信是人们目前常用的社交工具，在其中扫码添加好友也要遵循相应礼规。按照"长幼有序、主客适宜"的原则，微信扫码添加好友时，应该"晚辈、下属、主人"扫"长辈、上司、客人"的微信二维码。不论是晚辈还是长辈提出添加对方的微信，晚辈都应该扫长辈的二维码。

从操作步骤上来说，晚辈要多于长辈也是社交礼仪默认的原则。作为晚辈，要把"麻烦"留给自己，应扫描二维码，需要相应的步骤；而长辈只需要提供二维码和确认通过。另外，长辈在收到晚辈的添加请求后，有是否通过验证的"特权"，这符合"长者为尊"的原则。

三、使用微信、QQ 的注意事项

1. 及时回复

在现代生活中，人们使用网络平台进行交流可以大大地提高办事效率，但前提是要及时回复对方的信息，如果无法及时回复，也要向对方解释清楚。例如，对于需要查询一下相关信息才能回答对方的问题，那么最好先回复一下"稍等，我需要查询一下"。

2. 长语音的不便

无论是在工作中还是生活中，网络交流的时候最好是发文字，而不是发语音，因为发很长的语音会降低对方和我们交流的欲望。从另一个角度讲，在有些场合不方便听语音，并且没有办法转发，这会给交流带来不便。

3. 注意交流用语

在进行网络交流时，最好直接说明工作目的；在收到通知后，不要回复"哦""嗯"这样的句式，这会让对方感到敷衍，直接回复"收到"或者"好的"，如果对方是上级或长辈，还要加上尊称，如"好的，老师"；在讨论工作的时候，最忌讳的就是回复"行吧"，这会让对方觉得我们没有认同他的观点，显得工作态度不端正，所以回复时最好能鲜明地表达自己的意见，即支持还是反对。

4. 祝福语不要群发

群发祝福的格式让对方一眼就能看出来。因此，逢年过节的时候最好不要这样做，这对增进彼此感情的作用是微乎其微的。人与人之间的交往以诚为贵。所以，在人际交往过程中，我们如果真的想和朋友、同事、领导维持好关系，最好单独编辑一段祝福的话发给他们。

5. 注意朋友圈的内容

在朋友圈发集赞、投票等内容时，次数多了容易引起别人的厌烦，要注意避免发布一些充满负能量的内容，如对学习、工作和生活的不满，因为这些内容会让朋友、同事在看到后对你印象不好，进而怀疑你的工作情况、职业素养和人际交往能力。

堂下固礼

1. 在工作中，酒店、普通公司、银行等的电话接听流程是什么？有哪些可以借鉴之处？
2. 简述接听电话的规范流程。

行其四　通信礼仪

走进礼堂

我国古人对书信是非常看重的，有道是"烽火连三月，家书抵万金"。在现代社会中，人们的工作越来越繁重，业余生活也越来越丰富，可选择的交际方式和沟通手段层出不穷，但不管社会如何发展，沟通手段如何先进，书信仍是不可取代的形式。

行礼篇　礼仪从点滴做起——人际交往礼仪

学习礼规

一、书信的特点

1. 容易保存

在现代社会，微信、QQ可以迅速地传递信息，比书信的速度快很多。但是，由于手机自身的容量有限，不能保存过多信息。电子邮箱虽可以保存较多信息，但其容量终究有限。而书信则不同，它是实物，可妥善保存。

2. 传递感情

书信给人带来不同的感觉，如信纸的色彩，信封的样式，文字的风格。而电子邮件、微信、QQ，都没有书信那种来自视觉、触觉的综合信息，无法睹物思人。

3. 情感真实

好的书信就像一件艺术品，它有感情、有文字、有书法、有内容，可以声情并茂地表达感情，而这是千篇一律、格式严谨的电子邮件无法代替的。

二、书信的写作

从礼仪上讲，书信的写作可以分为两部分。

1. 信文的写作

信文，即信里的主要内容，主要有三点要求。

（1）信文的前段。在信文的前段即信的开头，要对收信人使用恰当的称呼，并且礼貌地问候。

（2）信文的中段。这部分即一封信的中间部分内容，是传递信息最重要的部分。在书写信文中段时，要叙事清晰，内容集中。一封信，最好一事一议，且叙述的事件不宜过多。为了使条理清晰，最好使用短句，且应多分段。

（3）信文的后段。这部分指的是一封信的收尾部分，没有什么实质内容，但是对格式的要求比较多。信文的后段一般由以下几部分组成。

①结束语。结束语和我们与人告别的意思相近，可以写在最后一段的段尾，也可以单独成段。

②祝福语。在结束语之后，用来表达自己的祝福，如节日快乐等。

③落款语。落款语的作用是表明写信人的身份，可以直接书写写信者的姓名，也可以加上写信者与收信者的关系，如您的学生某某某。

④附问语。附问语通常是对收信人身边人的问候，如祝家人平安、健康。

⑤补述语。如果写完信，突然想起还有一些内容需要补充，而书信又不能像电子文档那样随意插入文字，可以在信的末尾补充一些内容。在写补述语的时候，应尽量简短，只叙述一两件事；还要注意整体排版的美观性，建议单独成段去写。

⑥附件。有时候，信里还会有一些附件，如长辈帮我们写的推荐信就会在信中附上被推荐人的个人简历，在信的后面一般还会注明：后附某某同学个人简历，请参阅。

2. 封文的格式

封文的格式是指信封的书写格式，是信封的标准化写法。中文封文的标准写法大体包括以下几项内容。

（1）邮政编码。准确无误地填写邮政编码，有助于信件的合理化、科学化分拣，也有助于保证信件准确地到达收信人的手中。

（2）收信人地址。收信人地址必须明确，书写顺序通常为省、市、县、区或镇、街道名、门牌号。简写、错写都可能导致误投。

（3）收信人的称谓。收信人的称谓即收信人的姓名，一般写在信封正中央的位置。写在正中间的是收信人的姓名，紧跟其后的是供邮政工作人员或者带信人核对的对收信人的称呼，而最后可以根据写信人的风格喜好加上"收""启""亲启"字样。

（4）寄信人的落款。其内容包括寄信人地址、姓名、邮政编码，若信寄不到收信人手里，可以返回寄信人手中。

三、通信的礼仪规范

写信者的基本规则。国际上有一项非常基本的通信法则，是由西方人概括出的"五C法则"。

（1）第一个"C"，注意礼貌，即始终要礼貌——"Courteous"。

（2）第二个"C"，注意清晰，即叙述要清晰——"Clear"。

（3）第三个"C"，注意简洁，即语言要简明——"Concise"。

（4）第四个"C"，注意完整，即内容要完整——"Complete"。

（5）第五个"C"，注意正确，即书写要正确——"Correct"。

四、发信时的五个注意

（1）遵守基本的邮政规则，如超重时要多支付邮资，不要在信中夹带现金。

（2）注意，先将信纸叠放整齐再放入信封。

（3）贴足邮资。由于平信、航空信、明信片、挂号信的邮资都相同，应按规定贴足邮资。

（4）注意将邮票贴到正确位置。一般来说，我国的标准是要求将邮票贴在信封右上角。

（5）注意将信封封闭严紧。

五、收信时要注意的问题

1. 遵守法律

我国公民通信自由，任何人不能无故扣押他人信件。

2. 收到即复

有来有往才是礼仪之道。收到他人来信后应尽早回复。

3. 认真阅读

收到来信后，务必认真阅读，对于与他人请托之事，应实事求是地给予明确答复。如果需要留存信件，应妥善保管；对于不用留存的信，可以用碎纸机或者其他方式进行处理。

4. 忌公布于众

对于他人写来的私人信件，不要当众传阅，更不宜公开发表。

用礼践行

电子信函

电子信函是指传真、电子邮件、手机短信、微信等利用电子媒体传递的信息。它是现代人，尤其是年轻人喜爱的一种时尚、便捷的沟通方式。在使用电子信函的过程中，我们同样要遵守相关礼仪规范。

一、撰写电子信函的注意事项

1. 简明扼要

不论是短信、微信，还是电子邮件、传真，都不建议长篇大论，要尽量简单。也就是说，编辑电子信函时要简明扼要，篇幅不宜过长，以言简意赅为佳，这样更利于信息的准确传递。

2. 严谨准确

撰写电子信函时，要确保将意思表达准确，不能简洁到引起歧义。

3. 一事一议

撰写电子信函时，最好一信一事，一事一议。对于需要交代的事情，只要讲清楚即可，一定要避免长篇大论。我们必须明确，电子信函并非散文、诗歌或小说，不可过度地追求润色与修饰。电子信函所述的具体事宜应单一，切忌又多又繁、主次不清。

4. 时效性强

比如在春节时，你可以发有关春节祝福的信息，也可以发祝福春节快乐的电子邮件、传真。如果春节过完了，再发拜年的祝福就显得没有诚意了。

5. 谨慎群发

群发的邮件或者信息，是能被接收者识破的，对于我们重要的朋友、同事、领导群发信息显得不够真诚、不够尊重对方。在此方面，绝不能以不变应万变，光图省事。

6. 遵守法律和社会公德

例如，在发送网络信件、传真、手机短信、微信等时，不能传播有损国家形象及那些低级、以讹传讹的信息。

二、电子信函的礼仪要求

在使用电子信函时，对于传真、电子邮件、手机短信与微信的礼仪要求各不相同。

1. 传真

传真，是利用光电效应、传真设备产生的一种文字、图表传递的方式。虽然电子邮件大有"后来者居上"的态势，但实际上，传真在一段时间内还是不会被取代的。

从礼仪方面来讲，在使用传真时需要注意三个主要的问题：

（1）要篇幅短小。传真的具体篇幅，一定要短小。因为传真费用相对比较昂贵，尤其是需要到公共传真机上去收发传真。

（2）要注意安全。因为我们使用传真所传递的信息，很有可能被别人看到。如果是国家机密、行业秘密、个人隐私的内容，最好不要使用传真机传递。换言之，在使用传真机时，一定要确保相关的信息传播出去不会威胁国家安全，也不会有损个人隐私，否则最好三思而行。

（3）要操作规范。使用传真机时，必须要注意操作规范。首先，确保号码是正确的，能够正常使用。其次，发送传真之前，一定要通知对方注意接收。比如，认真提醒对方：我现在要给你发一份传真，请注意接收。否则某些非自动的传真机没开机的话，材料就不能传输。再次，收到传真要及时告知对方。然后，还要注意，收到对方传真之后，需要进行及时处理。传真过来的文件一般比较重要，应及时处理。最后，发送传真时，还要考虑所传递的具体内容是否完整与清晰的问题。如果发现传真有字迹不清晰、内容不完整之处，要及时处理。

2. 电子邮件

使用电子邮件需要注意以下几方面的礼仪问题。

（1）不要滥用。一般就电子邮件而论，它其实是一种沟通、通信的手段。既然如此，就要在对其使用时认真兼顾以下两点。

①有感而发，有事才发。这是收发、处理电子邮件时的基本礼仪。

②不要让邮件成为垃圾邮件。每次打开电子邮箱后，我们往往会发现大量邮件充斥其中，有时候甚至会"爆箱"，这主要是某些不自觉者滥发邮件导致的。所以，不要把没有任何实际内容的电子邮件乱发给别人，不要使之成为垃圾邮件。

（2）内容简短。此项要求与传真要注意的问题相类似。一般而言，电子邮件的主题要明确，而且通常应当只有一个。至于电子邮件的具体内容则宜短不宜长，通常有一个页面就足够了，不要让收件人反复翻动阅读。

（3）信息真实。不要在电子邮件中传递不真实、哗众取宠、以讹传讹、有碍社会或公共安全的信息。电子邮件中所传递的信息，应以真实为第一位的要求。注意，不能制造虚假信息，也不能主动传播、扩散来路不明的信息。

（4）讲究公德。使用电子邮件时，不要骚扰别人，且要注意公私有别。私人电子邮件用私人计算机发送，公务电子邮件用公务计算机发送。

（5）格式规范。使用电子邮件时，收信人的抄送格式、附件的插入都要规范。

3. 手机短信与微信

（1）要适度使用。在正常情况下，发信息当然没问题，但应有事才发、有需要才发，并坚持有收必复。

（2）要合法使用。在讲到传真机、电子邮件时，我们都提到过，不能扩散不文明的、不道德的、非法的、违纪的、有碍国家安全的信息。在使用微信时，此点亦应注意。

（3）要文明使用。简言之，就是不可在外人面前目中无人地使用。比如，与对方谈话时不要看手机，这很失礼。

在快节奏的生活中，电子信函是人们日常交往使用的主要联系工具。在必须使用它们时，我们不能因为礼仪不周而影响与别人的沟通。

传而有礼

书信末尾敬辞

一、书信结尾的习惯写法有两种

（1）写完正文之后，转下一行，空两格后再写"此致"，再转一行写"敬礼"。

（2）不写"此致"，另起一行，空两格，写上"敬礼""安好""健康""平安"等。

二、书信末尾的敬辞因人而异

（1）对于亲属长辈：可以使用拜禀、叩上、敬禀等。

（2）对于尊长：可以使用谨禀、谨上、拜上、谨肃、敬肃、敬启、谨启等。

（3）对于好友或平辈：可以使用谨启、谨白、手启手上、顿首、拜启、上言、拜言、启、上、白等。

（4）对于晚辈：可以使用手示、手谕、手草、草示、谕等。

（5）对于老师：可以使用敬请、恭请、敬请尘安、恭请道发、肃请海安、虔请讲安等。

（6）对于从商的人：可以使用即请财安、敬候筹安、顺颂筹祺等。

（7）对于在旅途中的人：可以使用敬请旅安、藉颂旅祺、顺询旅祉等。

（8）对于复信：可以使用谨复、肃复等。

除此之外，还有其他敬辞，如尊鉴、赐鉴、钧鉴、崇鉴、尊前、尊右、慈鉴等。另外，也可以使用一些祝福的话语，如"纸短情长，不尽依依""书不尽意，余言后叙"等；以及感谢的话语"受教良多，顿首以谢""倘承赐教，幸甚幸至"等。

三、信封上的敬辞

（1）对于尊长：可以使用"钧启"。

（2）对于老师：可以使用"道启"或"钧启"。

（3）对于平辈：可以使用"台启"或"大启"。

堂下固礼

1. 使用电子信函时，应注意哪些礼仪规范？
2. 给父母写一封家书，简述在校情况。
3. 比较古今书信格式的异同。

行其五 拜访礼仪

走进礼堂

拜访是人际交往过程中的最基本、最常规的一种形式。通过拜访，我们可以更好地了解他人的需求和想法，学习他人的成功经验，宣传、推销自己，在人际交往中建立信任和感情基础。

学习礼规

在工作中，重视礼仪、遵守规范能让受访者对拜访者产生工作能力强、有亲和力的良好印象。

一、拜访前的准备工作

1. 提前预约

在工作中，无论出于哪种目的前去拜访别人，事先有约是非常必要的，这样有助于对方及时做好准备，可以有效提高拜访的效率和成功率，"不速之客"往往会让对方反感。

常用的预约方式有电话预约和当面预约。打电话预约宜选在工作时间进行，要避开午休时间和节假日等，且在预约时要说明拜访内容，根据双方的实际情况约定拜访时间，这样，双方都可以提前做好充分的准备。当面预约一般在上次会面结束时进行，既而预约下次拜访的时间。

预约时不仅要约定到访时间，还需要约定会面持续的时长。为了提高拜访的成功率，预约恰当的拜访时间是非常重要的。一般拜访时间可选在上午的9-11时和下午的3-4时。另外，还应考虑对方所处企业的工作特点，以此来确定拜访的时间。

2. 了解受访者信息

根据拜访目的和拜访内容，拜访者应当提前了解受访者的姓名、性别、职位、单位、年龄、在企业和行业所处地位、专业度、兴趣爱好、联络方式等。除此之外，还需要了解客户的办公场所地址、行车路线等相关信息。总之，对受访者的信息掌握得越全面，越有助于在拜访中拉近与受访者之间的距离，从而与其进行愉悦的会谈，进而达到拜访的目的。

3. 塑造形象

良好的职业形象会给受访者带来良好的印象。因此，拜访时着装要整洁、大方、庄重、得体，要根据时间、场合选择适宜的服装。比如，去运动场拜访教练时，选择运动装会比西装更合时宜。另外，还要注意保持服饰穿搭合理、规范。在拜访前还需要修饰仪容，保持干净清爽。女士可以化淡妆，要将头发梳理得很整齐，指甲要长短适宜、干净利索，不涂颜色艳丽的指甲油。男士应保持面部清爽，将头发梳理整洁，将指甲修剪干净且保持卫生。

4. 备齐资料

工作中的拜访多会涉及合作或业务往来，这就要求拜访者一定要带齐资料。例如，销售人员在销售商品时，可以带上样品，这样更有说服力，或给文字资料配以全面、直观的图片和生动的视频，这样可以大幅增强说服力。丰富的资料也可避免谈话中的冷场局面，拜访者在拜访之前，不仅需要将资料准备齐全，还需要提前熟悉所有资料，避免在拜访过程中出现"一问三不知"的情况。

5. 心理准备

除了做好上述准备工作外，心理准备也是非常重要的。人们在初次拜访不熟悉的人时，很有可能会出现紧张的情绪，这时就需要调整好心态了。

二、拜访时的时间观念

在现代社会，人们惜时如金，对于时间的安排也特别紧凑。因此，在拜访他人时要有时间观念。

1. 准时赴约

如果双方已经约定好了会面时间，就要做到准时拜访。若拜访时迟到，会打乱对方的工作计划，这是严重的失礼行为。当然，也不应过早抵达，这样同样会打乱对方的计划，影响对方的工作节奏，以提前10分钟左右为宜。如果因为特殊情况或交通堵塞等不可控因素不能准时抵达，应至少提前半小时告知对方实情并对自己的失约行为表达诚挚的歉意。这时需要注意，不要列出很多理由为自己辩解，这样会给对方留下推卸责任的印象。

2. 耐心等待

抵达约定的拜访地点后，要告知接待人员自己的姓名和单位并说明拜访情况，然后递上名片，以便接待人员安排接待事宜。如果拜访对象因特殊情况不能立即接受拜访，需要在对方接待人员安排的指定地点耐心等候，不要打扰其他人的工作。

3. 把握拜访时间

在工作中，无论拜访者还是受访者，大家的时间安排往往都比较紧张。因此，从尊重他人的角度考虑，拜访时长一般以半小时到一小时为宜。

三、拜访时的礼仪细节

1. 进门

拜访者在到达约定的办公室或者接待室门前时，若房门是关着的，应礼貌地用手指轻敲房门，力度适当，间隔有序，敲三下之后等待对方回应，之后静待3秒左右。敲门后，若对方没有回应，可以重复之前的动作后再敲门。若门内有人回应，则应轻推房门进入。若对方询问身份，则应先问候对方，再清晰、准确地报出自己的姓名及身份，仓促敲门是非常粗鲁的行为。

2. 见面

进入对方办公室或接待室后，应做到"非礼勿视，非礼勿听，非礼勿言，非礼勿动"，即不可东张西望，探听他人的谈话内容，然后随意提问或评论，更不可随意乱动物品。见到受访者时要主动热情地打招呼，并适当寒暄。如果是第一次拜访，还需要主动递上自己的名片，然后做自我介绍并说明来访目的。若对方主动伸手准备握手，这时应礼貌地与对方相握。如果室内还有其他人，应一一打招呼。

3. 落座

拜访时，与主人见面之后若未得到主人同意，切不可贸然落座，待主人示意后再入座。在主人没有入座时，拜访者不能先坐下。此时的正确做法是在主人邀请入座后先表示感谢，等主人落座后再座下。

落座之后，应将公文包等放于自己的背后或者脚边，不能随意乱放。落座之后，主人一般会奉上饮品，这时拜访者要用双手接过来，并对主人表示感谢。同时，还要做到客随主便，不可对主人提供的饮品提出过多要求或评论优劣。

四、沟通交流

当双方落座之后，就进入了拜访的正题——交流。这时，要让对方了解自己的想法，即双方需要开始沟通。为了保证交流顺畅，要注意以下几点。

1. 尊重受访者

文明的语言、诚挚的微笑、积极的合作态度、得体的举止等都有助于快速消除主客之间的隔阂。

在说话时，要向主人表达友善的情感，会面交流工作时，以审慎务实的态度，陈述自己的目的与立场，提出己方的条件。在交流的过程中，拜访者应既不过分自卑、曲意逢迎，也不要自以为是，在谈话时表现出咄咄逼人的气势。要掌握分寸，否则会适得其反，让对方反感。如果需要将会谈中内容用多种方式记录下来，应事先征得对方同意，否则不得拍照、录音、录像。

2. 做到平等互利

在双方交流时，合作是通过各方面的相互商议来实现的，实现合作双赢才是职场交流的目的。双方在交流时，既不能把要求提到超过对方能力和限度的程度，也不要为了促成合作就一味放低自己的姿态，甚至失去底线。用积极的态度商讨事情有助于双方在友好的气氛中达成一致意见。

3. 语言得体，体态大方

为了不浪费彼此时间，当双方开始会面交流之后，就应尽快进入主题。拜访者应用简洁、清晰的语言直接说出自己的想法，不要说无关紧要的话。在主人讲话时，应认真倾听，除进行必要的记录外，不做任何无关的事情。

另外，在交流中还需要注意，不要谈及收入状况、婚姻状况、家庭情况、过往经历等问题。夸赞的话语对于职场人来说非常重要，恰当的赞美能在交流中发挥积极的影响。在与对方交流时，应尽可能多地使用谦语、敬语和礼貌用语，不能说低俗的话；注意掌握好语音、语气、语速、语调、音量，应随时根据对方的反应来调整谈话的内容。

肢体动作往往比语言更能展示人们的态度。所以，在拜访时，不要忽视肢体语言的作用。

五、结束拜访

1. 适时主动结束拜访

在一般情况下，拜访者在拜访内容完成后，就应该主动结束拜访，不可出现打哈欠、伸懒腰等行为，这些会让对方觉得拜访者不耐烦了。比较好的做法是用一些动作来暗示对方自己希望结束此次拜访。例如，可以把茶杯的杯盖盖好，把茶杯或咖啡杯稍稍推移开一些，也可以把受访者的名片收进名片夹或公文包里，或者把使用过的文件轻轻收拾起来，放到文件包或文件夹中。这时拜访者需要注意，不可频繁看表或快速收拾物品。

待双方认同并结束拜访后，拜访者可以慢慢站起身，礼貌地与对方和周围的其他工作人员告别后再离开。

2. 告辞时的感谢与道别

当结束拜访之后，拜访者应该用真诚的语言向对方表示谢意。例如，可以使用"感谢您百忙中接受我的拜访""感谢您的热情接待""打扰了"等话语。在走出受访者单位或公司的过程中，当遇到其他工作人员时，应微笑礼貌致谢，对引领和接待过自己的工作人员，可以说一句真诚的"谢谢"表示感谢。

随后，受访者通常会把拜访者送到办公室门口、电梯口或公司的办公区门口等，这时拜访者应该礼貌地请受访者留步，并握手道别。

用礼践行

拜访时应客随主便

一、要有约在先

有约在先是为客有方的前提。所谓为客有方，是指我们在拜访他人之前，一定要预约，不能成为不速之客。我们所提倡的有约在先实际上涉及以下五个要点。

1. 要约定时间

联络拜访他人的具体事宜时，首先要和对方讲清楚自己到达的时间，有约在先强调的不仅是到达时间，还需要强调停留时间，让主人事先有所准备，提前把时间安排好，使下一个日程不会受到影响。

2. 要约定地点

现代人的活动范围是很广泛的。对于拜访的地点，除了住宅之外，还可以约定在酒店里的咖啡厅、茶馆、公司等。对于工作中的相关事务，也可以约定在工作场所，公事公办。办私事时一般选择茶室、酒吧、咖啡厅之类的地方进行。

3. 要约定人数

拜访任何人之前，都必须事先约定具体人数，也就是说明共有几人去拜访。

4. 要约定主题

一般而言，拜访他人之前，其主题亦应提前予以确定。拜访别人前，不管公事还是私事，一定要尽可能早地约定主题，这是非常重要的。

5. 要如约而至

要如约而至的含义是拜访别人时必须准时到达，如发生特殊情况不能赴约，要尽早通知对方。

二、登门有礼

登门有礼是指拜访时应注意礼貌。

1. 预先告知

在拜访之前，拜访者要通过电话向主人进行确认。

2. 准时到达

准时到达意味着拜访者在做客时不可迟到，也不要早到。

3. 问候致意

先问候拜访对象和在场的其他人，再存放好自己的物品，然后跟随主人的引领就座。

三、为客有方

若要真正做到为客有方，大体上需要注意四个具体问题，也可以称它们为"四个限定"。

1. 限定交谈的内容

按照提前约定好的内容进行交谈，为了适当地调节气氛，可以增加轻松、愉快的内容，在交谈之中大的方向不跑题。

2. 限定交际的范围

拜访他人时，交际的对象就是拜访对象，也是我们的主要交流对象，如果主人家还有客人在，且双方正在交谈，可以稍等，不要贸然插话。

3. 限定交际的空间

例如，在主人指定的位置就座，不必过分客气。

4. 限定交际的时间

双方约定好交谈的时间后，就要适可而止，及时告辞。拜访的时间一般应控制在一小时以内。

四、告辞有方

1. 适时告辞

适时告辞有三层含义：一是在约定好的时间告辞；二是没有约定时，把握拜访的时间为半小时左右；三是若主人临时有事，应及时告辞。

2. 向在场所有人告辞

拜访要善始善终，即见面时要问候，离开时要向对方告辞。

3. 说走就走

拜访结束后，应说走就走，不能继续闲谈。

4. 勿忘报平安

远道而来的客人或者是晚上离去的客人在到家之后要主动向主人报平安，尤其是晚辈对长辈更应如此。

传而有礼

典籍中的拜访礼仪

《仪礼》是先秦时期礼仪文本的重要整理汇编。其中"士相见礼"一篇从士人拜访、迎客、送客、复见等礼仪环节，高度还原了先秦士人拜访礼仪的情形。

一、介绍礼

先秦时期，人们非常重视见面礼仪，初次见面更是不可造次，宾客需要有介绍人的引荐，才能前往主人家中会面。《大戴礼记》中写道有"介绍而相见"，《礼记》中写道"介绍而传命"，由此可见，介绍人是士人初次相见的首要条件。介绍人一般是有一定社会名望的人。如果没有介绍人的引荐就贸然去陌生人家中拜会，很可能被人认为是有违礼仪的鲁莽行为。

二、挚见礼

《仪礼》中的"挚"，为士人登门所携带的见面礼，而携带礼物拜访，称为"挚见"。不同社会地位的人赠送的挚也有所不同，用以体现其身份尊卑，也具有相应的寓意。并且，挚见礼一般适用于平级之间或者以卑见尊的情形，尊长者并没有以挚见礼见卑幼者的情形。士相见时则以雉为相见礼，见主人时将雉头朝左象征吉利，双手捧着希望送予主人。主人要按照礼仪谦让一番，但不能一再推辞。汉画像石：孔子见老子如图 3-4 所示。

图 3-4　汉画像石：孔子见老子

三、迎送礼

迎来送往是相见礼中的重要内容，也就是主人迎接和送别宾客的礼仪规范。先秦典籍中记录了各式各样的迎送礼，大则境迎境送、郊迎郊送，小则庭迎庭送、门迎门送，都是主人为表达礼贤下士、尊重来宾等而营造的隆重的礼仪场景。在日常礼仪中，简单且庄重的门迎门送是迎送礼中最为常见的形式。

四、复见礼

按照传统礼仪的要求，被拜访的士人过一段时间需要回访宾客，以此来感谢其之前的拜访，这就是复见礼。这时，主人和宾客的身份就互换了，但双方还是按照之前的礼仪要求再进行挚见、迎送等礼仪。

堂下固礼

1. 总结拜访礼仪的要点。

2.同学们组成小组,共同编写拜访的礼仪短剧脚本,小组成员分别扮演剧中角色,体验并交流拜访礼仪在实际生活中的应用。

行其六　待客礼仪

走进礼堂

中国自古以来就被称为礼仪之邦,中国人历来强调要让客人满意,即宾至如归,这是指客人到了我们这里,要跟到了自己家里一样。《礼记》中写道"君子贵人而贱己,先人而后己。"待客之道强调主随客便,即主人的所思所想、所作所为首先必须考虑客人的感受,并且一定要尊重客人的选择。

学习礼规

在接待客人的时候,所运用的各项礼仪都要发之于心,动之于情,表之于形。简言之,就是要表里如一。具体来讲,对不熟悉的、初次交往的客人,若要表现得热情、友善,就应该把礼仪规范放在第一位;对于常来常往的老朋友,不必拘泥细节,要把热情、友善放在第一位。

一、准备充分

1. 搞好环境卫生

待客时,个人、室内、室外都要保持卫生,力求干净整齐、空气清新。

2. 准备必要的交通工具

一般接待远道而来的客人或者是初次而来的客人,或者是非常重要的客人,都要为对方安排必要的交通工具,甚至需要亲自迎接客人。如果对方是驾车而来的,则往往需要为对方安排停放车辆的地点,并委派专人负责,使客人的车辆停放有序。

3. 要备齐待客的基本物品

待客时，总有一些物品不可或缺。在一般情况下，应准备好饮料、茶点、水果等。另外，在安排待客之物时也要注意细节，如尽可能多准备几种饮料，让客人多几种选择；茶具、水果要清洗干净，数量也要充足。

4. 注意膳食的安排

接待远道而来的客人时要帮对方安排食宿。关于住宿，一定要坚持主随客便，可以根据客人要求代为联络，留出房间；关于饮食，为显示热情，最好事先安排，这样才可以不浪费双方的时间。

5. 酌情安排娱乐活动

待客时，要适当为客人安排一些娱乐活动。现代人强调做客环境的宽松，待客本来是一种友善的交流。安排娱乐活动时通常要注意三点细节：一是主随客便，尽力令客人心情舒畅，选择符合客人喜好的娱乐活动；二是格调高雅；强调精神文明的重要性，低级趣味、无聊的活动，不宜待客；三是力求形式简单。待客时安排的娱乐活动不宜太复杂，不能喧宾夺主，尽量少而精。

二、礼貌接待

1. 恭候迎宾

应提前到达约定地点，恭候客人。其次要出门迎接客人，如果是外地来的重要客人，可以去车站、机场迎接；对于初次到访的客人，主人也要到大门口迎接以示尊重。

2. 主动问候

客人到达时，主人要主动向对方施礼问候，并把客人介绍给家人或在场的其他客人，如果客人人数较多，要逐一问候客人，不能厚此薄彼。

3. 安排座次

在较为正式的场合待客时，摆列座次须遵循以下原则。

（1）面门为上，即面对门口的位置为尊贵的位置。

（2）以右为上，即两人并排坐时，右边的座位为尊位。

（3）以远为上，即离门越远，位置越尊贵。

（4）居中为上，即中央位置的尊贵程度高于两侧的。

4. 问茶上茶

"坐，请坐，请上座；茶，上茶，上好茶"，即在接待安排饮品要注意细节。

（1）准备充分。尽可能地多为宾客准备几种饮品，如茶、咖啡、果汁、矿泉水等，中西冷热齐备，供客人选择。

（2）上茶顺序。一般做法是先宾后主、先老后幼。

（3）上茶方法。一般在不打断宾客交谈的前提下，应把茶杯或饮料放置客人便于取放的位置，注意将杯把朝向宾客右手的位置。

5. 斟茶续茶

初次斟倒饮料时，一般以七分满为宜；当客人杯中的饮料少于一半时，主人需要为其添加。

三、热情送别

心理学中将人们留给交往对象的最后印象称作"末轮效应"。在交往过程中，我们既要重视树立良好的第一印象，也不能忽略给对方留下的最后印象。讲究送客礼仪是留下良好最后印象的关键之举。在与人交往时，我们要讲究送别客人的细节及步骤，即应做好以下几件事。

1. 愉快结束

在实际工作中，可以选择比较简洁、委婉的方式让对方主动并高兴地离开。例如，态度友好地对客人说："和您聊天让我非常愉快，我学到了不少东西，如果等一下公司不安排开会，我们还可以继续谈。"

2. 表示感谢

当客人到来时，我们要热情地问候，而当客人离开时同样需要用心地道别，声音仍然要保持热情，以给客人留下深刻的印象。例如，在客人临走时真诚地说："您的到来让我十分高兴，非常感谢您对我们工作的支持和肯定……"真诚的道别，也是我们维系与客人关系的一种良好方式。此时，如果赠送合适的礼品，会让客人更时常回想起本次见面时的情形。

3. 送别客人

送别客人时，无论工作多繁忙，均要停下手里的工作并起身离座，但要注意我们须在宾客起身后再起身，否则会有催促宾客离去之嫌。

送别客人时，可以送到门外，也可以根据具体情况送得再远一些。送别时，要为客人打开房门，待对方走出房门之后，自己再走出去。

送别客人时，如果需要陪同客人走一段路，要走在宾客的左侧，并选择与客人并肩行走。在与对方道别之后，需要在原地稍作停留，因为在道别后，多数人有回头再次道别的习惯，主人应等客人完全离开视线范围后再离开。

在人际交往过程中，待客礼仪要做到有始有终，主人一定不能忽视接待客人的每个步骤，要给客人留下完整的好印象，这样才能为今后的交往打下良好的基础。

用礼践行

"有朋自远方来，不亦乐乎？"日常生活交往中，接待朋友是常有之事。在接待朋友时，所运用的各项礼仪都要自然、真诚，不拘泥于形式。

一、准备

1. 整洁

房间整洁，空气清新。

2. 物品

备齐待客之物，如茶具、茶水、饮料、水果等。

3. 服饰

主人应穿着亲切、随和的休闲装，不要穿着睡衣待客。

二、待客

1. 迎接

可以在门口迎接客人。

2. 问候

主动打招呼问候，以显示热情尊重。

3. 请坐

请客人到客厅落座，一般会把最舒适的、靠右侧的、面向门口的让与客人就座，以示尊重。如果是亲朋挚友可以不拘位置，随意落座更显亲切；对待初次到访的客人应注意礼节，不能过于随意。

4. 问茶

客人落座后，应马上奉上茶水、水果、点心。

5. 交谈

应热情交谈，不要让客人觉得被冷落了。

三、送客

1. 挽留

当客人提出告辞后，主人可以适当挽留，以示对客人的礼貌。

2. 送别

送别客人时，一般应将其送至门外，且不要急于回转，等客人示意"留步"后，主人应目送客人走远，与其招手告别后再返回。

传而有礼

古代待客礼仪

（1）拂席：擦去座席上的灰尘，请客人就座，以示敬意。

（2）扫榻：拂拭坐卧用具，以示对客人的欢迎。

（3）倒屣：由于急于要迎接客人，把鞋子穿倒了，形容热情迎客。

（4）拥慧：拿着扫帚打扫尘土，表示要打扫干净，以招待贵客。

（5）虚左：空出车上左边的位子，迎接客人（古代乘车时以左位为尊）。

（6）却行：向后退着走，以示对客人的尊敬。

（7）侧行：侧着身子前行，以示恭敬。

（8）避席：在离开坐席站起来时，表示谦逊和对客人的尊敬。

堂下固礼

1. 总结待客礼仪中的规范。

2.同学们组成小组编写待客的礼仪短剧脚本,小组成员分别扮演各种角色,体验、交流待客礼仪在日常生活中的应用。

行其七　馈赠礼仪

走进礼堂

馈赠礼品是人们在交往中表达友情、尊敬和感激的一种形式。合适的"礼尚往来"是感情交往的礼仪体现。李白写下的"人生贵相知,何必金与钱"的诗句道出了"人生在世,最难得、最重要的是找到知己,金钱算得了什么"之意。

礼品,包括纪念品,不以价格取胜,"君子之交淡如水,小人之交甘若醴",馈赠以增进感情为目的的礼品,能够营造"礼轻情意重"的氛围。

学习礼规

一、馈赠的含义

馈赠是人们在社交过程中通过赠送给交往对象一些礼物来表达对对方的尊重、敬意,友谊、纪念,祝贺、感谢、慰问、哀悼等情感与意愿的一种交往行为。

馈赠以礼品为媒介,能够与交往对象建立很好的沟通渠道,充分表达对对方的友好与敬意。馈赠的目的在于沟通感情和保持联系,不仅是一种行为方式,还可表达馈赠者的诚意。

二、馈赠六要素

得体的馈赠要考虑六要素:送给谁(Who),为什么送(Why),送什么(What),何时送(What),在什么场合送(Where),如何送(How)。

要考虑馈赠对象、馈赠目的、馈赠内容、馈赠时机、馈赠场合、馈赠方式六要素,简称"5W1H"规则。

主题3 交往礼仪 温文尔雅

（1）馈赠对象：要考虑到馈赠对象的性别、年龄、职位、身份、性格、喜好、数量等因素。

（2）馈赠目的：或为表达友谊，或为祝颂庆贺，或为酬宾谢客，或为慰问哀悼。馈赠动机应高尚，以表达情谊为宜。

（3）馈赠内容：是情感的象征或媒介，包括赠物和赠言两大类。赠物可以是一束鲜花、一张卡片或一件纪念品。赠言分为多种形式，如书面留言、口头赠言、临别赠言、毕业留言等。

（4）馈赠时机：具体时间和情境，应根据馈赠主客体的关系和馈赠形式把握。

（5）馈赠场合：公务场合与私人场合，应根据馈赠的内容和形式选择。

（6）馈赠方式：亲自赠送、托人转送、邮寄等。

三、馈赠礼仪

1. 礼品的选择

（1）根据馈赠目的选择礼品。送礼在本质上应被视为向他人表示友好、尊重与亲切之意的途径或方式。公司庆典一般送上一篮鲜花，慰问病人可以送鲜花、营养品、书刊等，朋友过生日可以送贺卡、蛋糕等，走亲访友时一般送水果、巧克力等。

（2）根据馈赠对象选择礼品。根据与馈赠对象的亲缘关系、地缘关系、业缘关系、性别关系、友谊关系等在选择礼品时都有所不同，区别对待。例如，玫瑰是爱情的象征，是送给女友或夫人的佳礼。但若随便把它送给一位关系普通的异性朋友，就可能引起误会了。

（3）了解受赠对象的爱好和需求。根据受赠对象的爱好和实际需求来选择礼品，往往可以增加其实效性，增强对送礼者的好感和信任。例如，老师在学生取得好成绩时可以赠给他们有益的书籍，给书法爱好者赠送文房四宝。

（4）尊重对方的个人禁忌。在礼品的选择过程中，应细致了解对方的个人禁忌，以免所选礼品因受猜忌而产生适得其反的效果。

2. 礼品的包装

（1）正式的礼品都应精心包装。良好的包装将使礼品显得更加精致、郑重、典雅，给受赠者留下美好的印象。在赠送礼品给外国友人时，尤其应当注意这点。

（2）包装礼品时应注意包装的材料、容器、图案造型、商标、文字、色彩的选择和使用符合相关政策法规和习俗惯例，不要触及或违反受赠方的宗教和民族禁忌。

行礼篇　礼仪从点滴做起——人际交往礼仪

像有的国家数字上的禁忌也是礼品包装所要注意的问题。如日本忌讳"4"和"9"这两个数字，因此，出口日本的产品，就不能以"4"为包装单位，像4个杯子一套，4瓶酒一箱这类包装，在日本都将不受欢迎；欧美国家的人则忌讳数字"13"。在包装礼品时，还应根据世界各国的生活习俗，选择合适的色彩。

四、受赠礼仪

1. 心态开放

在收到礼品后，受赠者应保持客观、积极、开放、乐观的心态，要充分认识到对方赠礼行为的郑重和友善，不能心怀偏颇，轻易比较礼品的价值高低。

2. 仪态大方

收到礼品后，受赠者应落落大方，面带微笑，目视对方，双手接受。接下来，应与对方热情握手。不可畏畏缩缩、故作推辞或表情冷漠、不屑一顾。

3. 受礼有方

收礼后一定要当面拆启包装，仔细欣赏，面带微笑，适当赞赏。切不可草率打开，丢置一旁，不理不睬。另外，对于那些有逾规越矩送礼之嫌的，应果断或委婉拒绝。

4. 表示谢意

收到礼品后，应充分表达谢意。表达时应让对方觉得真诚、友好，若得到的是贵重礼品，往往还需要用打电话、发电子邮件等方式再次表达谢意，必要时，应选择适当的时机还礼。

用礼践行

送花礼节

鲜花，表面意思是新鲜的花卉。广义地说，其包括一切新鲜的有生命的鲜花材料。随着人们生活水平的提高，送花越来越普遍。因为鲜花有它自己的很多寓意，送花是一种很高雅的礼节活动。

鲜花在常人眼里之所以美丽可爱，是因为人们觉得"情人眼里出西施"，可以"借物抒怀"，在鲜花身上附加了种种美好的寓意。比如，在中国人看来，春日的兰花高贵雅致，夏季的荷花自尊自爱，秋天的菊花坚贞顽强，冬时的梅花无私无畏，等等。这些实际上都是由于她们被人们附以寓意所致。鲜花的寓意是指人们借用花卉来表达某种情感、愿望的寓意，也称花语。"人有人言，花有花语"正是这个意思，赠送鲜花时，将花的寓意与人的情感完美结合起来，就是送花的意义。

1. 通用寓意

在世界上，一些鲜花的寓意是相传已久、人所共知、广为沿用的，这就是所谓鲜花的通用寓意。在许多情况下，人们习惯把鲜花的通用寓意叫作花语。准确地说，所谓花语，指借用花卉来表达的人类某种情感、愿望或象征的语言。

根据礼仪规范，花语一旦形式，并被众人接受之后，便流传开来，送花的人应该了解并遵守。不能自造花语，也不许篡改花语。在国外，花语相当普及。人世间鲜花无数，花语也很多。事实上，任何人也不太可能对全部花语一清二楚，熟练掌握。不过，对常用的花语，特别是对于下述三类花语，大家应尽量掌握。

1）表示情感

在全部花语之中，有相当数量的一个部分，是被用来"寓情于景"，表达人之常情的。例如，玫瑰表示爱情，丁香表示初恋，柠檬表示挚爱，橄榄表示和平，白桑表示智慧，水仙表示尊敬，百合表示纯洁，茶花表示美好等。

有时，还可以将几种花语相近的鲜花搭配在一起送人。而那些搭配、组合相对比较固定的鲜花，往往又共同组成了新的花语。将表示成婚的常春藤、表示结合的麦藁和表示羁绊的五爪龙组合而成的花束赠予新婚者，可表示"同心相爱，永不分离"。将表示分别的杉枝、表示祝愿的香罗勒和表示勿忘的胭脂花组合而成的花束赠予远行之人，则可表示"为君祝福，君勿忘我"。

2）表示国家

有一些国家目前已拥有各自的国花。所谓国花，指的是以某种鲜花来表示国家，用她来作为国家的标志和象征。确定国花，有些国家采用的是由议会立法决定的方式，而另一些国家则是依据本国文化传统和绝大多数人的意愿协商选定的。还有一些国家，为慎重起见，迄今尚未明确选定国花。在正常情况下，各国的国花大都具有三个特点：

（1）每个国家只有一种国花。

（2）各国国花都是本国人民最喜爱的花。

（3）国花通常代表国家形象，人人必须对其尊重和爱护，既不宜滥用国花，也不可失敬于国花。在国际交往中，这一点尤其重要。

3）表示城市

所谓市花，指的是用来代表本市，作为本城标志或象征的某一种鲜花。我国的许多城市都有自己的市花。例如，北京市的市花是月季，上海市的市花是白玉兰，深圳的市花是簕杜鹃。

2. 民俗寓意

同一品种的鲜花，在不同的国家和地区往往会被赋予不同的含义。这在多半情况下，是民俗不同使然，故可称为鲜花的民俗寓意。如果鲜花的通用寓意指的是鲜花寓意的共性问题，那么鲜花的民俗寓意指的则是鲜花寓意的个性问题。

送鲜花时，应注意鲜花的民俗寓意，这主要体现在品种、色彩、数量上。

1）品种

在不同的风俗习惯里，同一品种的鲜花往往在寓意上大为不同，如果不懂，难免就要犯忌。

在我国的广东、海南、港澳地区，送金橘、桃花，会令对方笑逐颜开。而以梅花、茉莉送人，则必定会招人反感。原来，在那里，人们喜欢"讨口彩"。金橘有"吉"，桃花"红火"，所以让人欢喜。而梅花、茉莉则音同"霉""没利"，故而令人避之不及。

2）色彩

鲜花的一大特点是万紫千红、色彩缤纷。但是在不同的习俗里，对于鲜花的色彩有着不同的理解。中国人最喜爱红色的鲜花，因为在中国民俗里，红色象征大吉大利、兴旺发达。但在西方人眼里，白色的鲜花象征着纯洁无瑕，将其赠予新娘，将是对她的至高奖赏。

3）数量

送花的具体数量在不同国家和地区的民俗中是大有讲究的。

在中国，在喜庆活动中送花要送双数，意即"好事成双"。在丧葬仪式上送花则要送单数，以免"祸不单行"。在西方国家，送人鲜花时讲究用单数，如送1枝鲜花表示"一见钟情"，送11枝鲜花则表示"一心一意"。只有作为凶兆的"13"才是例外。有些数字，由于读音或其他原因，在送花时也是忌讳出现的。比如，在欧美国家，送人的鲜花不能是13枝。

送花的方法：尊重对方、双手奉上。

花是美好的象征，在人们生活中占有重要位置，以花交友能够加快感情沟通，把握好送花礼仪，必将和谐人际关系，增加生活情趣，抒发情感，营造出愉快的氛围。

传而有礼

古人对礼品的雅称

礼物，古人普遍称为"礼"，但在不同场合送的礼品又有明显的区别。

（1）贽：一般指初次见面送的见面礼。

（2）手信：等同于现在日常送的"礼品"。

（3）天赐之礼：上天赐予的礼品。

（4）典礼文物：祭祀典礼上送的礼品。

（5）御赐：古代皇帝赏赐的礼品。

（6）献礼：给重要的人物或场合送的礼品。

（7）程仪：古代客人离开时，送的财物或礼品。

堂下固礼

1. 查阅资料，总结我国南北方馈赠礼仪的差异。

2. 请分析以下案例。

一位女生过生日，对男朋友表示自己想要一个蛋糕作为礼物。她的男朋友没说为什么，在网上买了一个垃圾桶送来，还号称这个比较实用。女生收到礼物后，满脸不高兴。

想一想：为什么女生满脸不高兴？

行其八　乘车礼仪

走进礼堂

无论在商务活动中还是在日常社交中，乘车是一件非常普遍的事情。人们在乘车过程中会在狭小空间中相处，若言行不当，很容易引起别人的反感和尴尬。因此，我们要重视乘车礼仪，不能忽视细节。

学习礼规

一、座次安排

在比较正规的场合，乘坐轿车时一定要分清座次的主次，而在非正式场合，则不必过分拘礼。轿车上的座次，在礼仪上来讲，主要由四个因素决定。

1. 按照轿车的驾驶者安排

主要适用于双排座、三排位轿车，由主人亲自驾驶轿车时，一般前排座为上，后排座为下；以右为上，以左为下。乘坐主人驾驶的轿车时，最重要的是不能令前排座空着。一定要有一个人坐在那里，以示相伴。由专职司机驾驶轿车时，仍讲究右尊左卑，但座次同时变化为后排为上，前排为下。

2. 按照轿车的类型安排

对于四座轿车，不管由谁驾驶，吉普车上座次由尊而卑依次是副驾驶座，后排右座，后排左座。四排及四排以上座次的大中型轿车，不论由何人驾驶，均以前排为上，以后排为下，以右为尊，以左为卑，并以距离前门的远近来安排具体座次。

3. 轿车上座次的安全系数

乘坐轿车时要考虑安全问题，通常以重要客人"安全第一"为原则。在轿车上，后排座比前排座要安全得多。最不安全的座位，当数前排右座。最安全的座位，则当属后排左座（驾驶座之后），或是后排中座。

4. 轿车上嘉宾的本人意愿

在正式场合乘坐轿车时，应请尊长、女士、来宾在上座就座，这是给对方的一种礼遇。当然，不要忘了尊重嘉宾本人的意愿和选择，并要将这一条放在最重要的位置。嘉宾坐在哪里，即应认定哪里是上座。即便对方不明白座次，坐错了地方，轻易也不要对其指出或纠正。

以上这四个因素往往相互交错，在具体运用时可根据实际情况而定。

二、上下车顺序

上下车的基本要求：倘若条件允许，应请尊长、女士先上车，后下车。

（1）主人亲自驾车时要后上车，先下车，以便照顾客人上下车。乘坐由专职司机驾驶的轿车时，坐于前排者要后上车，先下车，以便照顾坐于后排者。

（2）乘坐由专职司机驾驶的轿车，并与其他人同坐于后一排时，应请尊长、女士从右侧车门先上车，自己再从车后绕到左侧车门后上车。下车时，则应自己先从左侧下车，再从车后绕过来帮助对方。若左侧车门不宜开启，于右门上车时，要里座先上，外座后上。下车时，要外座先下，里座后下。总之，以方便、易行为宜。乘坐多排座轿车时，通常应以距离车门的远近为序。上车时，距车门最远者先上，其他人随后由远而近依次而上。下车时，距车门最近者应先下，其他人随后由近而远依次而下。

用礼践行

乘车的言行举止

1. 动作文雅

在轿车上不可坐得东倒西歪。穿短裙的女士上下车时最好采用背入式或正出式，即上车时双腿并拢，先背对车门坐下，再收入双腿；下车时正面面对车门，待双脚着地后，再移身车外。

2. 讲究卫生

不要在车内吸烟，或是连吃带喝，随手乱扔。不要往车外丢东西、吐痰或擤鼻涕。不要在车上脱鞋、脱袜、换衣服或用脚蹬踩座位；更不要将手或腿、脚伸出车窗。

3. 注意安全

不要与驾车者长谈，以防其走神。不要让驾车者听移动电话。协助尊长、女士、上车时，可为之开门、关门、封顶。在开、关车门时，不要弄出大的声响，或者夹伤人。在封顶时，应一手拉开车门，一手挡住车门门框上端，以防止碰到人。上下车、开关门时，要先看后行，不要疏忽大意，以免伤到路人。

4. 顾及隐私

乘坐他人车辆时，不要随意翻看车里的物品。对于任何一个车主来说，车里都是私密空间，哪怕是关系亲密的朋友，也要注意分寸。

5. 言语有度

我们在乘坐他人车辆时，为了拉近彼此间的距离，往往会评论生活、工作中发生的事情，应注意，不要说对人不礼貌的话。

传而有礼

古代乘驾之礼

"乘驾之礼"最早出自《周礼》，自秦汉延续到宋朝，逐渐被轿子取代。在封建社会等级森严的时代，乘驾之礼是一种等级严明的规范制度。《周礼·地官·保氏》中记载："保氏掌谏王恶，而养国子以道。……乃教之六仪。一曰祭祀之容；二曰宾客之容；三曰朝廷之容；四曰丧纪之容；五曰军旅之容；六曰车马之容。凡祭祀、宾客、会同、丧纪、军旅，王举则从。听治亦如之。""乘驾之礼"对车驾的前进速度、上车姿态、乘车的位置、车驾的样式和在车上行礼的规则等都有明确的规定。

一、车驾前进速度要适宜

车驾行进的速度，如同君子之行，要有急有缓，该急则急，该缓则缓。

二、上车姿势要正确

古代马车的车厢叫作"舆"，是乘车人所在之处。乘车人从舆的后面上车。"升车必立正执绥"中的"绥"是车上的绳子，供人上车时拉拽使用。也就是说，孔子上车时必定抓住挽手的绳子，端庄肃立。这个动作堪称典范了。

三、乘车的位置

古人乘车之时尊者在左，御者在中，另有一人在右侧陪乘（即骖乘，又叫车右）。若车上有妇女，则由男子驾车。而国君所乘之车的御者一般由朝臣的子嗣来充当。当遇到位尊者时，车左之君须下车行礼；而当需要处理一些驾车途中所遇之事时，一般由车右来负责。

主题3 交往礼仪 温文尔雅

兵车则与此有所区别，如指挥车是主帅居中执掌旗鼓，御者在左，另有一人在右保护主帅，叫作车右。普通的兵车，是御者在中，左右各有一甲士，且左边甲士持弓，右边甲士持矛。

四、车驾的样式

秦汉之时，车的形制逐渐丰富多样，根据乘坐方式及舒适度不同，车驾可以分为安车与高车，乘坐安车与高车也分别有不同的礼仪。

安车是一种比较华丽舒适的车驾。车舆上加以雕饰，上面立有"容盖"，用以遮风避雨，以求舒适。乘坐安车之人多是位尊年高之老者、妇女、官宦及知识分子。在汉代，坐乘之礼逐渐形成。其要求乘者登上安车以后，需要"手抚式，视五旅，欲无顾，顾不过毂。小礼动，中礼式，大礼下"。安车在后世逐渐演化成国家礼遇之人才及官吏所乘之车，俗称"公车"，成为身份与地位的象征，还经常被皇帝作为礼物赏赐给近臣，甚至是藩王、隐退之臣等，以示恩德。

不同于安车，高车的车盖是比较高的，因为高车为立乘之车，乘车之人需要站在车上。兵车等都属于站立之车。

五、在车上行礼的规则

立乘如果没有扶手就不安全，所以，车舆的前部装有横木，供人凭依扶手。这个横木即为"式"，后来写作"轼"。按照礼制，在行车途中，古人用双手扶式并俯首的动作来表示致敬，这种动作也称为"式"。而唯一例外的是兵车，《礼记》中就有"兵车不式"的记载。

《礼记》中规定，君子乘车，遇到老人要行式礼，进入市区不应飞奔急驰，到了里门也必须扶"式"。而最为尊敬的礼节是下车步行。

讲完了乘车之礼，再来说说最重要的等级划分情况。逸礼《王度记》曰："天子驾六，诸侯驾五，卿驾四，大夫三，士二，庶人一。"这显然有很明确的等级制度。

1. 天子的车舆

按照《周礼》的规定，天子贵为九五之尊，乘坐的车子规格最高，称为"路"。"路"也是天子座驾的别称，共分为五大类，分别是玉路、金路、象路、革路和木路。这五种车子在不同的场合都有不同的用途，且材质和外观装饰也不同。

157

"玉路"：周天子在参加国家祭典等重大政治活动的时候才能乘坐。

"金路"：周天子在大宴群臣时乘坐，并用来赏赐同姓的王公贵族。

"象路"：周天子平时上朝和巡游地方的时候乘坐，也可以赏赐给异姓王侯。

"革路"：周天子参加一些军事活动，并作为礼物赏赐给为国分忧守卫四方的诸侯们。

"木路"：周天子打猎之时乘坐，还可以作为贵重礼物赏赐给臣服自己的四方藩国。

2. 王后的车舆

既然天子座驾分为五类，那么贵为一国之母的王后，其座驾自然与天子配对，也分为五大类，分别是重翟、厌翟、安车、翟车和辇车。

"重翟"：对应"玉路"，是王后跟随天子祭祀之时的座驾。

"厌翟"：除了王后之外，公主和后妃均能乘坐，是这些王后嫔妃们跟随天子设宴招待诸侯之时的座驾。

"安车"是一种有盖的轻便小车，王后可以坐在车中出行。另外，天子对于那些告老还乡的高官或在征召有名望的人士的时候，都会恩赐安车，以示尊重慰劳之意。

"翟车"用雉鸡的羽毛作为装饰，供王后乘坐。

"辇车"不用牲畜牵引，而是采用人力拖拉，属于一种便车，还可以装运货物，也称为"辎重车"。

3. 官员和百姓的车舆

按照《周礼》的规定，公卿士大夫及以下官员乘坐的车舆叫作"服车"。

孤卿三公出行可以乘坐皇帝赐予的"夏篆"，规格很高，车轮用彩绘雕漆装饰。

公卿大夫则乘坐装饰有彩漆花纹的"夏缦"，俗称"五彩车"。

士大夫阶层乘坐带有竹蓬的"栈车"。

普通百姓乘车的规格最低，只能用"役车"代步。"役车"，顾名思义就是劳役之人乘坐的车，最为鄙陋。

可见，封建时代等级制度森严，礼仪更是从上到下划分的，不可逾越。

古代的一切礼仪制度，都是为上层服务的，而在民间都是约定俗成来决定的。森严的等级制度使处于各个等级的人都能安守本分，这有利于社会的安定。

堂下固礼

1. 绘制乘车座次图。
2. 仪态练习：上下轿车。

行其九　求职礼仪

走进礼堂

求职礼仪是指求职者在求职过程中与招聘单位接触时应具备的礼貌行为和仪表形态规范。它可通过求职者的应聘资料、语言、仪表、仪态举止、着装打扮等方面表现其内在素质。

面试时，每个人都想让自己的能力全部展现在面试官面前，但在短短在几分钟时间内，根本不可能将自己的优势全部展示出来，于是就需要从其他方面向面试官展示个人能力。

学习礼规

一、面试前的准备

1. 心理准备

孙子说："知己知彼，百战不殆。"

1）知己——自己的职业规划

求职是一个双向选择的过程，面对多家用人单位，大家在选择时应该根据自己的专业、特长、兴趣爱好、个性特点等做好准备，切忌眼光太高或者盲目跟风。

2）知彼——用人单位的需求

面试前应该注意搜集各种招聘信息，选择出自己喜欢并准备应聘的单位。应该主动了解该单位的相关资料，包括目前的经营状况、企业文化、未来发展等情况，做好这些准备工作可以使你既能把握求职意向，也能增强面试时的信心，尤其是在考官询问有关你对企业的认识和你所要应聘的岗位时做到对答如流、有备无患。

3）模拟实战

多搜集面试题目进行练习，请同学、朋友、老师做面试官，模拟面试场景进行反复演练，把我们所能够掌控的准备做到最充足，增强自信心，这样可以让我们在面试时表现得更加轻松不会怯场。

2. 物质准备

1）材料

在选择好要应聘的单位后，应该先递交简历和求职信。

2）证件

在面试前，还应按招聘方的要求准备好其他相关证件，如身份证、户口本、照片、毕业证书、资格证书、获奖证书等材料。

3. 形象准备

社会心理学家认为，在公众场合，人们总是趋于认同那些衣着整洁、仪表大方的人。所以，我们一定要在面试前做好外在形象的管理工作。

1）仪容礼仪

保持个人卫生是仪容美的关键，是保持自身良好形象的基础，也是确保面试取得成功的必要条件。

2）服饰礼仪

服饰是一种无声的语言，它显示着一个人的个性、修养、心理状态等多种信息。职业学校的学生以整洁的校服为面试服装是比较恰当的。不宜华丽、也不宜过于前卫新潮，更不要穿低领、紧身，或者过于薄、露、透的衣服。对于刚毕业的社会新人来说，身上的配饰要少而精。

3）体态礼仪

当面试开始时，不要将手插在衣服口袋里，也不要左顾右盼，更不要盯着考官乱打量。脚步既不可过于沉重，也不可拖泥带水。

在面试时，同学们应该按照前面章节中学到的礼仪规范去做，以表现出最出色的那一面。

二、面试中的礼仪

如果说求职时你给人单位的求职信和简历是在用笔迹、文字、书面证明推荐自己以求得对方认同、获取面试机会的一种单向的自我推荐，那么在面试中，通过自身形象、谈吐、表现等直观手段与招聘单位的面对面交流和沟通，则是一种双向的、富有感染力的自我推荐。它可以让你能更加充分地展示自己，因此，把握好面试这一关非常重要。下面，就让我们一起学习面试中需要注意的礼仪和沟通技巧吧。

1. 准时赴约

一般应提前15～20分钟到达面试地点，这样既可以熟悉一下周围环境，也可以顺便调整自己的心态，以稳定情绪。拥有良好的时间观念，既是一种美德，也是一个人良好素质修养的表现，可以表现出对考官的尊重和对求职的认真态度。

2. 尊重接待人员

到达面试地点后，应主动向接待人员问好、做自我介绍，并服从对方的安排。

3. 进门及入座礼仪

进入面试室前，不论门是开是关，都应先轻轻敲门，在得到允许后才能进入。进入面试室后，应先向各位主考人员问好。当对方说"请坐"时，一定要在说"谢谢"后方可按指定位置坐下，并保持良好坐姿，不可急于落座。

4. 职业化的举止

在面试中，应始终保持自信的微笑，谦虚和气，把自己的真挚和热情写在脸上。眼睛是心灵的窗户，面试者在应聘过程中最好把目光集中在面试人员的额头上，且眼神自然，以传达你对别人的诚意和尊重面试者应用无声的、职业化的举止仪态，向面试官表明"我是最适合的人选"。

面试时，不要让小动作出卖了你，如捂嘴、歪脖、挠头、揉眼睛、玩手指、双手交叉在胸前、吐舌头等。

5. 注意语言

在面试过程中，应该口齿清晰、发音正确，并使用普通话。注意，尽量不要用简称、方言、土语和口头语，以免对方难以听懂，还要注意在谈话时不要中途打断对方，以免给面试官留下急躁、随意、鲁莽的坏印象。应认真"倾听"，以便正确理解对方提问的真实意思，对答如流。当不能回答某一问题时，应如实告诉对方，含糊其辞和胡吹乱侃都会导致面试失败。回答问题阶段是面试的重要环节，也是面试成功的关键因素。

6. 表示感谢

面试结束时，应徐徐起立，正视对方，与对方告别，以显示自己的诚意。比如，可以说："谢谢您给我这次面试的机会，如果能有幸进入贵单位，我一定全力以赴。"接下来，欠身行礼，说一声"再见"，然后轻轻把门关上后离开。

三、面试后的礼仪

许多求职的同学只留意面试时的礼仪，而忽略了应聘后的礼仪，要知道，后面的这些步骤也能加深用人单位对你的良好印象，有助于提高录取的可能性。

1. 再次感谢

面试结束两天后，可以与招聘人员进行电话联系，再次表示感谢，通话时间可以控制在5分钟之内，也可以写一封表示感谢的邮件发到对方的邮箱。这不仅是礼貌之举，也有助于增加求职成功的概率。

2. 耐心等候

面试结束后，同学们要耐心等候。如果面试失败，可以吸取教训，找出原因，并针对这些不足之处再做准备，期待下次面试成功。

3. 查看通知

接到单位的录取通知后，要仔细查看通知的内容，有些用人单位在进行初次面试后，还会安排复试，那么你就要做好准备，争取应聘成功。

良好的礼仪能为面试加分，大家都要注意，不能给自己留下遗憾。

用礼践行

消除面试过度紧张的技巧

（1）面试前可以戴上耳机听一首自己喜欢的舒缓的轻音乐，或者可以翻阅一本轻松活泼、有趣的杂志书籍。阅读书刊可以转移注意力，调整情绪，克服怯场的心理。

（2）注意控制谈话节奏。讲话速度过快往往容易出错，甚至张口结舌，还会使自己更紧张，导致思维混乱；讲话速度过慢则显得缺乏激情，导致气氛沉闷，也会令人生厌。因此，一般开始谈话时可有意识地放慢讲话速度，等自己进入状态后再适当增加语速。这样，既可以稳定自己的紧张情绪，又可以扭转面试的沉闷气氛。

（3）目光坚定且充满自信。目光不定的人，使人感到不诚实；眼睛下垂的人，给人一种缺乏自信的印象；两眼直盯着提问者，会被误解为向他挑战，给人以桀骜不驯的感觉。如果面试时把目光集中在对方的额头上，既可以给对方留下诚恳、自信的印象，也可以缓解紧张情绪。

（4）正确对待面试中的失误。人们在面试交谈中难免因紧张出现失误，切不可因一时的失误而丧气，不可轻言放弃。接下来，还要分析原因并总结经验，以全新的面貌迎接下一次面试。

准备简历

无论应聘什么岗位，要写出一份合适的简历都离不开以下几个模块。

1. 个人信息

该模块的主要作用是向面试官进行一个初步的自我介绍，以供面试官判断面试者是否满足岗位的一些硬性要求，为了提高应聘效率，需要在该模块中具备以下内容，且要保证真实、明确，切不可让面试官"纠结"。

（1）所有简历必备项目：姓名、年龄、性别、学历、专业、联系方式、照片。

（2）根据求职意向决定是否需要写的项目：政治面貌、婚否、住址、身高、体重等。

2. 求职意向

（1）只能写一种。

（2）具体、明确，不能模糊。

（3）根据招聘单位的需要填写。

3. 教育背景

教育背景是对一个人学习环境和学习能力的概述，可以在一定程度上反映面试者的专业能力与学习能力，这也是面试官极其看重的一部分。该模块一般包含以下几方面内容。

（1）毕业时间、学校、专业。

（2）如果面试的是对口专业，一定要写明主修课程，倘若应聘岗位与专业跨度较大或无关，则略写或不写。

（3）如果成绩较好，可注明分数与排名。

4. 实践经历

一般来说，实践经历往往反映的是求职者某个方面的实际动手能力、对某个领域或某种技能的掌握程度。这部分也是面试官极其看重的，如果与求职目标相关，就会为你加分，这必然会大大增加面试官对你的好感，因此，结合实际情况，我们应有所侧重：

（1）如果应聘企业，应将能体现自己在相关领域业务水平的实习、工作经历作为重点放在显眼位置。

（2）如果应聘机关单位的行政部门，则应重点突出自己的学生干部经历、管理经历、志愿经历及其他相关经历。

（3）如果应聘机关单位的专业技术岗，则应重点举例说明自己的学术经历与获奖经历。

5. 荣誉与奖励

荣誉与奖励代表着学校及外界对你的认可，也是自身综合素质的体现，因此该部分同样是简历中重要的加分项，但该模块绝不是将所有的荣誉与奖励简单地加以罗列，而要根据实际情况进行合理的布局：

（1）对于获奖较少的同学，只能以"多"取胜，即将所有奖励全部列出，但要将与岗位相关的、含金量较高的奖励尽量放得靠前。

（2）对于获奖较多的同学，要以"专"取胜，重点举例与岗位相关的奖励，按照含金量从高到低依次排序。

6. 技能与证书

该模块同样在于专业能力的体现，单举与岗位相关的即可，无关技能与证书略举或不举。

7. 兴趣爱好

通过个人的兴趣爱好面试官可以了解到一个人的性格倾向于内向还是外向，是喜欢独立还是喜欢团队合作。因此，我们应重点列举与工作岗位风格匹配的兴趣爱好。

8. 自我评价

自我评价是对过往经历的高度总结和概括，这本身就是能力的一种体现，但在实际生活中,我们不可过分夸张地褒扬自己,也不可贬低自己,要做出客观的总结。

传而有礼

毛遂自荐

据《史记·卷七六·平原君虞卿列传·平原君》记载,战国时,秦国出兵攻打赵国,包围了赵都邯郸,情况十分危急,于是赵王派平原君前往楚国,请求援救。平原君打算在其门下食客中挑选出二十个文武全才一同前往,但最终只挑选出十九个,剩下的都不符合条件。这时,有一个名叫毛遂的人,主动向平原君推荐自己,请求加入前往楚国的行列。平原君问:"你在我门下多久了?"毛遂回答:"三年了。"平原君说:"真正有才能的人就像一把放在口袋里的锥子一样,立刻就会显露出锋利的锥尖。而你在我门下三年了,我却没听说过你有什么杰出的表现,你还是留下吧!"毛遂说:"我现在自我推荐,就是请求你把我放进袋子里,如果早些有这样的机会,那我就不只是露出锥尖而已,而是早就显露出才能,锋芒毕露了!"平原君觉得毛遂说得有道理,就答应让他一同前往。到了楚国,平原君和楚王会谈,从早上持续到中午都没有结果。毛遂持剑走到楚王面前,极力说明赵、楚联合抗秦的利害关系。楚王终于被说服,答应赵国愿意出兵援救。于是,两国当场决定誓守联合抗秦。毛遂这次不仅帮平原君完成了任务,也为国家立下了功劳,让大家对他刮目相看。后来,平原君也视他为上宾。

堂下固礼

1. 制作一份求职简历。
2. 写一份求职时可以用的自我介绍。
3. 和同学一起进行面试模拟练习。

行礼篇　礼仪从点滴做起——人际交往礼仪

主题 4　餐叙礼仪 彬彬有礼

导学悟礼

　　英国领事查理邀请林则徐赴宴，讨论怎样解决鸦片烟贩子的问题。外国人表面上装得很老实，骨子里却支持鸦片烟贩子继续走私贩毒，态度十分傲慢。宴会快要结束时，查理使人送上来最后一道点心，是甜食冰激凌。林则徐望着冰激凌冒着的气，以为一定很烫，便拿汤匙在玻璃杯里挑起一点送到嘴边，张口吹了吹。这一下子便招来了在座外国人的哄堂大笑。

　　过些天，林则徐在总督府设宴，回请上次参加宴会的原班洋鬼子。宾主边吃边谈，洋鬼子酒足饭饱以后，还有些不满足地说："中国大菜，好吃得没法说，只可惜少了一道甜食！"

　　"上甜食！"侍从立刻端上来一盆像用藕粉调煮成的羹糊，看上去平滑无光，黏糊稠腻。外国人忙举起汤匙，忙不迭地舀着往嘴里倒。刹那间，只听得那些外国人"啊——啊——"嚷成一片。有的挥动着手，想伸进嘴巴里去抓；有的按住了嘴巴，泪水直淌，一个个狼狈不堪。

　　林则徐若无其事地举起汤匙，敬外国人每人一勺说："这是我家乡福建的名点，叫槟榔芋泥。外面看去冰冷，内里却是滚烫非凡，正好和似热实冷的冰激凌相反，吃的时候性急不得，性急了就要烫喉（猴）！"

　　外国人瞪圆了蓝眼珠。这时，他们才知道林则徐不是个好对付的中国人。

▶ **教学目标**

　　知识目标：学习并掌握就餐活动中宴请和赴宴的礼仪规范，为将来的工作打下基础。

　　能力目标：通过学习、实训相结合的方式，学生可以熟练掌握餐叙礼仪规范，还能提升自主学习能力与团队合作能力。

素养目标：学生通过了解餐叙礼仪的礼仪规范，感受中西方饮食文化的内涵，增强对我国传统文化的热爱程度，提升民族自豪感。

行其一　宴请礼仪

走进礼堂

俗话说"民以食为天"，在我国悠久的历史中，饮食文化和饮食礼仪已经成为人们生活中不可分割的内容。古往今来，宴会一直是人际交往的一种重要形式，早在《礼记·礼运篇》中，就有"夫礼之初，始于饮食"的结论。多年来，人们在摆席设宴中形成了一整套纷繁复杂的礼仪规范。在宴会中，从座次位置、上菜的顺序、菜肴的搭配、酒水的选择、餐具的使用，都有相应的礼仪规范。宴会也会因活动内容、参与对象不同具有一定的复杂性和特殊性。宴会是形式，交际是内容，掌握相关礼仪规范能够增进宴请双方的交流与合作。

宴会规格通常视主人、主宾、主要陪同的身份而定，还要参考过去相互接待时的礼仪，以及现在关系的密切程度等因素而定。按接待规格，宴会可以分为两大类，即正式宴会和便宴。

一、正式宴会

正式宴会一般是指在正式场合举行的宴会。在宴会中，宾主按身份安排席位就座，席间一般有讲话和祝酒环节，有时还会安排乐队演奏席间音乐。正式宴会对餐厅的环境气氛、就餐时用的餐具、菜单的设计、菜肴的数量和上菜程序、酒水的安排、服务的礼仪等都有严格的规定。

正式宴会分为国宴、公务宴会、商务宴会。国宴是正式宴会中规格最高的一种，是指国家元首或政府首脑为国家的重大庆典举行的盛大宴会，或是为外国元首、政府首脑来访而举行的正式宴会，是接待规格最高、礼仪最隆重、程序最严格、政治性最强的一种宴会形式，也是规格最高的公务宴会。

二、便宴

便宴即非正式宴会。便宴不拘严格的礼仪程序和接待规格，随和亲切，规模比较小，可以不提前安排座位，不进行正式讲话，菜肴数量也可酌减。多用于招待熟识的宾朋好友、生意上的伙伴等。便宴没有特定的主题和较为重要的背景，只要出席宴会者心情舒畅即可。

主人为了表示亲切友好，也可以采用家宴的形式宴请客人。家宴就是把客人请到家里就餐，气氛应温馨，举办的主要目的是增进宾主双方的情谊。

学习礼规

知礼待客是对客人的尊重，也有助于拉近人与人之间的关系，体现了中国人的智慧。

一、宴会前准备

1. 确定宴会规格、形式

筹备宴会时主人需要根据宴请目的确定宴会规格和宴会形式。例如，展览会开闭幕，工程的动工、竣工，商务合作等。若参加宴会的人数较多，且以社交为主要目的，可以采用自助餐宴会、鸡尾酒会、冷餐酒会的形式；寿宴、婚宴、庆祝纪念日等，参加宴会的人员适中，宴会以庆祝为目的，可以采用设固定席位的圆桌宴会。

2. 确定宴请对象

确定宴请对象是要确定宴请的主要宾客、主要陪同、宴请的人数，以及客人的风俗习惯、生活忌讳、特殊需求、口味特点。

二、确定宴请时间

1. 民俗惯例

应避开节假日和民族节日等。

2. 主随客便

邀请者根据应邀者的日程安排宴会时间。

3. 控制时间

一般认为，正式宴会的用餐时间应为 1.5~2 小时，而非正式宴会与家宴的用餐时间应为 1 小时左右。

三、选择宴请地点

1. 清静的环境

宴请不仅仅是为了吃东西，也要交流感情。要是用餐地点档次过低，环境不好，即使菜肴再有特色，也会使宴请大打折扣。在可能的情况下，一定要争取在清静的环境中用餐。

2. 良好的卫生条件

在确定宴会的地点时，一定要看卫生状况是否良好。如果用餐地点过脏、过乱，不仅卫生问题大，还会使用餐者没有食欲。

3. 方便的交通

宴请前还要充分考虑到，参加宴会的宾客来去交通是不是方便，有没有公共交通线路通过。有没有停车场，是否要为聚餐者预备交通工具等一系列问题。

四、确定菜单

确定菜单是宴请中很关键的一个环节，而菜单的确定不仅是一门学问，更是一门艺术。奉上一桌色、香、味俱佳的菜肴，不但能使客人心情愉悦，还能反映出菜单安排者的水平。

五、准备请柬

举办正式宴会时需要派发请柬，可以是传统的纸质请柬，也可以是更便捷的电子请柬。这既是有礼貌的表现，也起到提醒、备忘之作用。宴请国宾或其他重要外宾时，应以主持宴会的领导个人名义署名发请柬。请柬在制作时应特别注意邀请对象（写清楚姓名和称谓）、宴会性质（提示客人穿着适当的服装）、宴会的时间和地点（可以标注宴会地点方位图及停车位置）。

六、发出邀约

1. 邀约时间

宴请邀约应至少提前 3 天发出。宴请习俗中有句俗语"三天为请,两天为叫,当天叫提溜"。提前邀约才是有诚意的做法。对于长辈或是工作繁忙的客人,应该提前 3 ~ 7 天邀约,这样才能让对方提前做好安排,以显示对客人的尊重。

2. 邀约方式

邀约方式要根据宴请对象来定。相对比较熟络的朋友、同事,可以打电话或当面告知,但对于比较重要的客人或是比较隆重的宴会,则需要采取比较正式的方式邀约,递送、邮寄请柬或是发送电子邀请函。

七、布置宴会场地

1. 营造气氛

官方正式活动场所的布置应该严肃、庄重、大方,可以布置致辞台,并且用鲜花、盆景等作为装饰。

2. 摆放桌椅

要根据参加宴会的人数布置桌椅,桌椅摆放的位置要适当,尽量避免拥挤,留出足够的过道空间让客人通行。突出主桌,或是主人和主宾的位置,如果参加宴会的人数较多,可以在餐桌上摆放座次卡,便于客人找到位置就座。

3. 注意细节

在布置宴会场地时,要注意温度、光线、餐具用品等对客人用餐的影响。舒适的温度、柔和的光线、宜人的香气、悦耳动听的背景音乐等都会给宴会增色。

八、席位安排

席位是一种社交规矩,总的原则是,既要按礼宾次序原则作安排,又要有灵活性,使席位的安排有利于让人们在席间交谈方便。

九、餐具摆放

应根据宴请人数和酒、菜的道数准备足够的餐具并将它们清洗后再擦干净。

十、宴会中服务

1. 迎宾

规格较高的宴会迎宾一般从大门口开始，迎接到客人后，双方先握手互致问候，再将客人引至休息厅，休息厅内应有招待员照顾客人，或由其他接待人员陪同聊天，待主宾到达后，由主人陪同与其他客人见面打招呼。

2. 入座

入座时一般是主人、主宾先入座，然后接待人员按年龄或地位高低引导客人先后入座。在桌位较多的情况下，先从主桌开始，由主人引导主桌客人入座，随后其他人员陆续入座；也可以让主桌以外的客人坐定，主桌人员再入座。

3. 致辞

正式宴请开始前都会有正式的致辞，表示欢迎客人的到来，并对本次宴会进行简单介绍。非正式的宴请由主宾双方进行简单的介绍，然后开始用餐。

4. 祝酒

祝酒是正式宴会中必备的一个环节，即大家先互相碰杯，宴会再正式开始。西方国家致词祝酒习惯安排在热菜之后，甜食之前。

5. 用餐

用餐时，主人应负责调节气氛，可以不时找话题与客人交谈。对于不熟识的客人，主人要热情招呼，避免冷场。

十一、宴会后送别

1. 结账

用餐后，大方地结账也是宴请礼仪之一，且通常应避开客人。

2. 送客

（1）为客人递上衣帽并提醒客人别忘记带走自己的随身物品。

（2）微笑向客人道别，并且送出宴会厅。

（3）及时检查客人有没有遗落物品，发现后应及时送还。

用礼践行

一、确定宴会菜单（图3-5）的方法

1. 了解禁忌

便宴可以现场询问，对国宴或者大型宴会，主要考虑主宾，需要提前向对方或者随员进行征询。应了解职业禁忌、个人禁忌、民族禁忌、健康禁忌。

2. 体现特色

（1）本国特色。宴请外国客人时需要考虑本国特色，以展示本国文化的博大精深。

（2）地方特色。宴请外地客人时，应请他们吃本地特色，跨民族交往，可以选择体现民族特色的菜肴。

（3）餐厅特色。其主要指的是餐厅的特色菜，恰到好处的特色菜会使宴会的菜单更有档次和特色，以表达出作为主人的好客之意。

3. 荤素搭配

确定菜单时，对海鲜、畜肉、禽肉、豆制品、蔬菜、水果的安排应全面考虑，一般菜单中需要至少有三分之一是蔬菜和豆制品，要注意荤素搭配。

4. 口味搭配

菜单一般讲究五味俱全，努力照顾大多数客人的口味，要将菜肴进行合理搭配，使咸淡互补，将每道菜的特色都能发挥到极致。

5. 冷热搭配

在宴会中，冷菜和热菜的比例一般控制在1∶2或1∶3左右。

6. 汤和点心

宴会中一般选择一道汤和一至两道点心，通常咸点配咸汤，甜点配甜汤。

图 3-5　宴会菜单

二、安排座次席位（图 3-6 和图 3-7）的方法

我国自古便对宴会座次席位十分看重，《礼记·仲尼燕居》写道："席而无上下，则乱于席上也。"即如果没有安排好宴会的座次席位，那么宴会也会混乱无序。作为宴会的举办者一定要精心安排每位宾客的位置，以免影响宴会的最终效果。

宴会席位安排的总原则为"中心第一，先右后左，高近低远"。不论宴会的规模、形式如何，座次安排均以总原则为基础。

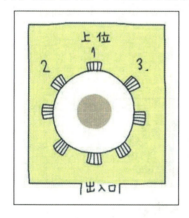

图 3-6　宾客座次席位示意一

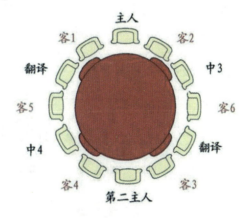

图 3-7　宾客座次席位示意二

1. 单桌宴会座次安排

1）正式宴会

餐桌位次的具体安排可以分为以下几种情况。

（1）每桌只有一位主人时，主宾在主人右侧落座，副主宾在主人左侧落座，其他宾客座次以此方法类推。

（2）每桌有两位主人时，第一主人面门居中而坐，第二主人则与第一主人相对而坐。这时，主宾和副主宾分别落座于第一主人的右侧和左侧，第三和第四主宾分别落座于第二主人的右侧和左侧，其他位置可以安排主方的其他陪同人员或是和其他来宾交错落座。

2）便宴

一般情况下，由于便宴的参加人数较少，安排座次时与正式宴会略有区别。

（1）右高左低。当两人一同并排就座或当我们单独宴请一位客人时，要以右为上，即让客人坐在自己的右手边。居右而坐者要比居左而坐者优先受到照顾，这样安排座次可以让对方感受到主人的细心与敬重。

（2）中座为尊。当三人或者多人一同就餐时，居于中座者在位次上要高于两侧。所以，主人要让客人坐在中间的席位。

（3）面门为上。面门为上是指用餐时，依照礼仪惯例，面对正门就座者为尊贵。

（4）观景为佳。在高档餐厅用餐时，其室内外往往有优美的景致，室内会有高雅的演出，可供用餐者进行观赏，这时就会以观赏角度最佳的位置为尊位。

（5）临墙为好。临墙为好指的是在某些餐厅就餐时，为了防止被服务生和其他人干扰，通常以靠墙的位置为尊位。

（6）尊重主宾。当主宾身份高于主人时，为表示尊重，可以安排主宾坐在主人的位子上，主人则坐在主宾的位子上。

2. 多桌宴会座次安排（图3-8）

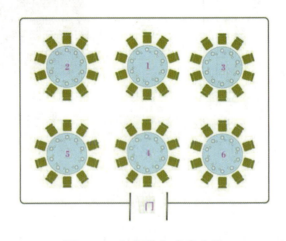

图3-8　多桌宴会座次安排

当宾客人数较多时，我们要根据宴会厅的形状、实用面积进行设计。

1）突出主桌

安排多桌宴会前，先要确定主桌的位置，再根据主桌位置安排其他桌次及宾客的位置。

主桌的位置一般按照"中心第一、面门为上、观景为上"的原则确定。主桌桌面的直径可以比其他各桌略大些。

2）先右后左，高近低远

以主桌主人为参照，主人右边的桌次、距离主桌近的桌次安排更重要的来宾。主人席位居于主桌的正中，而其他桌的主人席位与第一桌主人席位呈对面式或侧对式。总之，为使宴会进行中能形成整体统一性，其他桌的第一主人席位应与第一桌的第一主人席位形成遥相呼应的整体，以保证饮宴的每一阶段步调一致。

3）留出足够通道

餐桌之间的距离不应少于2米，餐桌离墙的距离不应少于1.2米，这便于在宾客祝酒或交流时随意走动。

传而有礼

中国古代宴会席位安排

在不同的历史时期，筵席有不同的形式，细微的尊卑次序亦有变化。

《礼经释例》中写道："堂上以南向为尊。"先秦时期，在外堂办筵席，向南的席位是最尊贵的，一般这个位置会留给客人或宴席的主角。

在出土的汉代《宴饮观舞图》（图3-9）中，汉代的宴客们跪坐在席位上，饮酒观舞。

汉代乐府诗《陇西行》就描述了这样一次家庭筵席的全过程："好妇出迎客，颜色正敷愉……请客北堂上，坐客毡氍毹，清白各异樽，酒上正华疏……送客亦不远，组不过门枢。"

唐《宴饮图》（图3-10）中显示，当时的宴席已出现了椅子的雏形——胡床。从出土的文物来看，至少在唐朝便出现了数人坐着凳子围着桌子的宴饮场面。桌子、凳子的出现，突破了"一人一桌一席"的传统，创造了多人同桌的宴席新形式。

行礼篇　礼仪从点滴做起——人际交往礼仪

图 3-9　《宴饮观舞图》

图 3-10　《宴饮图》

明清时期，四人桌的排列遵守"左为上"原则，对于同一场合并列摆放的两席，左边的一桌为首席。而对于同席的座次来说，向南的座位为首座，对面向北的为次座，首席的右手边为三座，次座的右手方为四座。对于是更大的桌面，则可以在桌的每面各设两位，这样一席可坐八人。这种八人使用的桌子，便是现在依然常见的八仙桌（图 3-11），八仙桌的座次依然遵循"左为上"的原则。

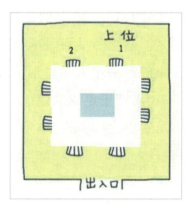
图 3-11　八仙桌

到了清代，圆桌开始普及。与方桌相比，每张圆桌周围可以坐十人，更能满足大型宴席所需；圆桌不用择方位来定尊卑，使用起来更为便利。在筵席形成的变迁过程中，其流行是势之必然。民间有人写诗赞美圆桌："一席圆桌月印偏，家园无事漫开筵。客来不速无须虑，列坐相看面面圆。"虽然圆桌不以方位定座次尊卑，但人们在习惯上会将面向门口的位置定为尊位。同时，由于圆桌桌面较大，通常会在主人位的对面位会设副陪位以方便招待客人。圆桌的座次依然遵循"左为上"的原则，宾主座次错落有致，大家围坐在一起，其乐融融。

随着社会的发展，人们的聚餐活动也越来越频繁，在许多场合也没那么讲究传统了。

堂下固礼

1. 设定宴会场景，制作一份请柬。
2. 画一份 100 人宴会的座次安排图。

行其二　赴宴礼仪

走进礼堂

受邀赴宴，无论是正式还是非正式的，都是人们生活中的一部分。同时，赴宴礼仪、餐桌礼仪也是地方文化的重要组成部分，它可以表现一个人的素质。

学习礼规

作为宾客，无论是代表单位、组织，还是以个人身份出席宴会，从接到邀请到宴会结束告辞，都要注重礼仪规范，这既是素质的表现，又是对主人的尊重。

一、接受宴请的礼仪

1. 及时回复

收到宴会邀请后，要先了解宴会的类型、时间、地点，并做好相应的记录，尽早答复主人。回复的方式可以是电话或是电子信函。

2. 特殊情况处理

一旦接受了邀请，没有特殊情况不要随意改动。如果确有特殊情况不能出席宴会，我们应该尽早通知主人并道歉。

二、赴宴礼仪

1. 服装得体

参加宴会时的服装要与宴会的性质相符合，如参加正式宴会要着正装，即男士可穿成套西服，女士可穿套装衣裙且化淡妆。仪容端庄是对别人有礼貌的表现。

2. 守时守约

若超时过多，应事先告知对方，以免由于等候过久引起不愉快；当然，如果过早到达，也会造成主人由于来不及准备而感到仓促和不安。

3. 规范入座（图3-12和图3-13）

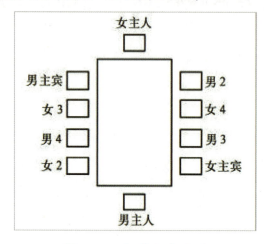

图3-12　规范入座（1）

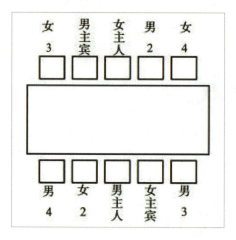

图3-13　规范入座（2）

1）位置准确

中餐席次的安排，依国际惯例以右为尊。客人可随服务人员的引导入座或依餐桌上的座位卡和自己的名字入座，切不可随意乱坐。应请身份高者、年长者、女士优先入座。

西方习俗是男女交叉安排，以女主人的座位为准，主宾坐在女主人的右上方，主宾夫人坐在男主人的右上方，在我国则依据传统，照例主宾坐在男主人的右上方，主宾夫人坐在女主人的右上方。

2）入座有序

入座有先后，中餐一般按照"在朝序爵，在野序齿"的顺序入座，即按照年龄大小、职位高低、座位主次的顺序入座。西餐则遵循"女士优先"的原则，即男士应主动为自己座位右侧的女士移动椅子，让女士先坐下。

3）左侧入座

从座位的左侧入座，既是一种礼貌，也方便落座。在引领他人入座时，也要遵循这一原则。同样，离席时也应从左侧走。

4）动作轻缓

入座时，动作要轻缓，拉动座椅时要谨慎，最好不要发出声音，也不要把座垫碰到地上。如果不小心碰响桌椅，需要向左右两边的客人表示歉意。

5）适时致意

如果座位两侧是熟人，入座后应该主动打招呼；如果是陌生人，也可以微笑致意。离座时也是如此。

6）坐姿优雅

入座后，坐姿要优雅，上身保持直立，不完全倚靠椅背、不趴在餐桌上，双脚不抖动，双腿不摇晃。若女士着裙装参加宴会，要注意整理好裙摆。

不管是参加中式宴会还是西式宴会，都要找准自己的位置，入座姿态得体。

三、宴会交流

宴会是一种社交场合，在就餐时，可以与座位两侧的宾客低声交流。要注意，在自己或他人咀嚼食物时，均应避免说话或敬酒；敬酒以礼到为止，切忌劝酒、猜拳、吆喝；遇有意外，如不慎将酒水、汤汁溅到他人衣服上，表示歉意即可，不必恐慌赔罪，这样反而会使对方难为情；如欲取用摆在同桌其他客人面前的调味品，应请邻座的客人帮忙传递，不可伸手横越，长驱取物；在餐桌上不能谈悲戚之事，否则便会破坏欢愉的气氛。

四、敬酒礼仪

首次敬酒应由主人提议，客人不宜抢先；主人为客人敬酒时，客人要以手扶杯致谢；敬酒以礼到为止，宾主各自随意，不应无节制劝酒。

五、散席告别

在一般情况下，应由主人提出结束宴会。当主人、主宾离席后，其他客人再离开。宴会结束后，客人需要向主人握手表示感谢并道别。如果中途有事离开，也需要表示对主人的谢意，并对自己提前离席的行为表示歉意。

用 礼 践行

用餐礼仪

筷礼

一、中餐

1. 用餐姿态

用餐时坐姿要端正，与餐桌的距离保持得宜，脚踏在本人座位下，不可任意伸直，手肘不得靠桌缘，或将手放在邻座椅背上，用餐时要温文尔雅，不能急躁。

2. 餐巾的使用

餐巾的主要作用是防止弄脏衣服，还可以用来擦嘴及手上的油渍；必须等到大家坐定后，才可使用餐巾；将餐巾摊开后，应放大腿上，切忌用餐巾擦拭餐具。

有些餐厅备有湿巾，在使用湿巾时我们要注意：餐前的湿巾只能用来擦手，不能用来擦嘴、擦脸、擦汗；湿巾使用完毕后应放在盘中，不可扔在桌子上或者垃圾桶里。

3. 筷子的使用方法和禁忌

筷子是中餐的主要餐具，主要功能是夹取食物。使用筷子的正确方法是以右手持握，用大拇指、食指、中指的前部捏住一根筷子，大大拇指中部和无名指夹住另一根筷子。另外，在使用筷子取菜用餐时，需要注意以下几个细节。

（1）不要将筷子插放在食物、菜肴之中，这样做很容易让人有祭祀的感觉，也不要把筷子当成西餐里的叉子去叉取食物。

（2）在与人交谈时，应放下筷子再讲话，切忌用筷子敲击其他用具或在半空中舞动。

（3）夹菜前或夹完菜后，不要用舌头舔筷子，这样会给人留下不文雅的印象。

（4）夹菜时，不要用筷子在菜肴中翻来翻去，随意搅动。为别人布菜时应使用公筷。

（5）不能将筷子直接放在餐桌上或横放在碗、盘之上，要放在筷子座上。若没有筷子座，则可以放在自己所用的碗、碟盘的边沿。

（6）不要用筷子剔牙、挠痒痒等。

4. 餐匙的使用方法和禁忌

餐匙主要作用是舀取食物、菜肴、汤、羹等，还可以在进餐时辅助筷子取用食物。在使用餐匙时，需要注意以下几个细节。

（1）暂时不使用餐匙时，要将餐匙放在自己的食碟上或汤碗中，不要把它直接放在餐桌上。

（2）用餐匙取用食物后，应立即食用，不要再将食物倒回原处。

（3）取用过烫的食物时，不能用餐匙将食物翻来翻去，更不能用嘴去吹。

（4）在用餐匙就餐时，不要将勺子完全入口，也不要反复吸吮餐匙上的食物。

（5）在用餐匙取菜或取汤时，不要将其盛得太满，以免汤汁滴到桌上或是自己的衣服上。在盛起菜肴或汤时应稍稍停留片刻，不会滴落汤汁时再食用。

5. 碗的使用方法和禁忌

碗主要用于盛放主食、汤羹。在使用碗时，要注意以下几个细节。

（1）取食碗内盛放的食物时，应以筷、匙加以辅助，不可用嘴直接凑上去吃或者啜饮。

（2）不能将非食物类物品扔进暂时不用的碗中。

（3）不可将碗倒扣过来放在桌子上。

（4）当碗内还剩下食物时，不能将其直接倒进嘴中，更不能将舌头伸到碗里舔食。

6. 盘子的使用方法和禁忌

盘子主要用来盛放食物，其中比较小的盘又称为食碟。在用餐过程中，食碟主要用来盛放从菜盘中取出的食物，在使用时应注意以下细节。

（1）不要将多种食物放在一起，这样既不雅观也容易串味。

（2）不要一次取太多食物放在盘子中，以免给人一种贪吃的感觉。

（3）不要将入口的食物残渣、骨头、鱼刺等吐在桌子上，应将其放置在盘子的前端，等待服务人员收走。

7. 水杯的使用方法和禁忌

中餐中使用的水杯主要用于盛放清水、果汁或饮料。使用水杯时，需要注意以下几个细节。

（1）水杯不能用于盛酒，盛酒应使用酒杯。

（2）若水杯中没有水，不要倒扣。

（3）喝入口中的水和饮料不能吐回杯中。

8. 牙签的使用方法和禁忌

牙签主要用来剔牙，使用时需要注意以下几个细节。

（1）在使用牙签时，尽量不要当众剔牙，如果必须剔牙，要用手或者纸巾挡住口部。

（2）剔出来的东西不可再入口，更不能随手乱弹、乱吐。

（3）剔牙之后，不要长时间叼着牙签。

二、西餐

1. 餐具的使用方法和禁忌

西餐宴席上使用的餐具主要是刀、叉、匙、盘、杯等，一般左手拿叉，右手拿刀。拿时应用左手大拇指、食指、中指握住叉柄。拿刀时应用右手食指压在刀背上，用其余手指拿住刀把。

图 3-14　西餐餐具

在使用刀、叉和匙时，要从最外面开始，一道一道菜往里拿。西餐一般讲究吃不同的菜时用不同的餐具（图 3-14），饮不同的酒时用不同的酒杯，且吃完一道菜便将刀、叉并列放在盘子的右边。不要举着刀叉和别人说话，不能发出刀叉相碰的声音。

进餐时，刀叉摆放的方向和位置（图 3-15）都有讲究。应将刀叉放在垫盘上，呈八字形，若将刀口朝内，叉尖向下就表示还要继续用餐；若将刀叉平行摆放在垫盘上。若刀口向左，叉尖向上则表示你不要用餐。应将汤匙横放在汤盘内，使匙心向上，这也表示可以收走了。

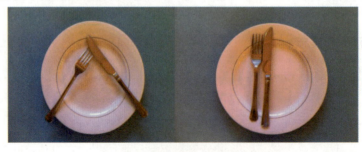

图 3-15　刀叉摆放的方向和位置

2. 餐巾使用方法和禁忌

餐巾一般为布质，餐巾布方正平整，色彩素雅，主要用来防止油汁、汤水滴到衣服上，并可用来轻轻擦嘴边的油污，不可用来擦汗、擦脸或擦餐具。点完菜后，应在菜送来前把餐巾打开，往内折三分之一，让剩余三分之二平铺在腿上，盖住膝盖以上的双腿部分。

暂时要离开座位时，要轻轻地将餐巾折好，很自然地放在椅子上。千万不要把餐巾挂在椅背上或是揉成一团放在桌子上。用餐完毕要离开时，应先将腿上的餐巾拿起并叠好，再把餐巾放在餐桌的左侧，然后起身离座。如果站起来后再甩动或折叠餐巾，就不合乎礼节了。用完餐巾后不用折叠得太过整齐，但也不能随便搓成一团。如有主宾或长辈在座，一定要等他们拿起餐巾折叠，才能跟着做动作。

3. 不同食物的用餐方法

（1）肉类的食用方法有两种：一种是边割边吃；另一种是先把肉块（如牛排）切好，再把刀子放在食盘的右侧，单用叉子取食。前者是欧洲的古老习惯，后者则是美式的吃法，以前一般比较正式。

（2）吃鱼时，应从鱼的中间切开，先把肉拨到两边取掉鱼刺和鱼骨，再慢慢食用。吃肉饼、煎蛋、沙拉时，都不用刀只用叉。对于肉盘内的肉汁，可用面包蘸着吃。手掰成小块食之。至于炸薯片、炸肉片、三明治等食物，跟面包一样，应用手取食。取食时，仅限于用大拇指和食指拈取，食后用摆在面前的小手巾拭手。吃甜点时可用叉或匙。

（3）吃面包时，先用两手撕成小块，再用左手拿来吃。吃硬面包时，若用手撕，不但费力，还会将面包屑掉满地，此时便可用刀先切成两半，再用手撕成块来吃。避免像用锯子那样割面包，应先把刀刺入面包的另一半中，用手将面包固定住再切，还要避免发出声响。

（4）喝汤时应用匙。舀汤时，应从盘子里面向外舀，当盘中的汤不多时，千万不可端起汤盘吮吸，应用左手将汤盘微微外倾，用匙舀尽。

（5）吃水果时，不要整只去咬，而应用水果刀将水果切成四至六块，剜去果心，用手拿着一块一块吃。吃水果时，有时会送上一个小水盂，这是供洗手之用的，切勿将此当作饮料饮用。用餐过程中对于自己够不着的调味等物，可以请别人帮忙递过来，我们也可应别人要求传递给他们，传递时要用右手。进食时，可将骨头、肉屑、果皮等放在食盘右上角。应将果核吐在餐巾纸里，不可随便抛在桌上或地上。

4. 饮酒礼仪

吃西餐时，不能拒绝对方的敬酒，即使自己不会喝酒，也要端起酒杯回敬对方，否则会被认为很不礼貌。

三、自助餐

自助餐是目前国际上通行的一种非正式的西式宴会。自助餐不需要安排固定座次，就餐嘉宾可以自由交流。自助餐的菜品以冷食为主，参加自助餐宴会的宾客可以自由取用喜欢的菜肴与饮品。那么，吃自助餐时应注意哪些礼仪规范呢？

1. 取餐要排队

为了体现良好的个人修养，我们应维护餐厅内的公共秩序，自觉排队。在取餐前，应该先观察大家的取菜方向。多数自助餐会沿着餐台的顺时针方向取菜。取菜时，要讲究先来后到，不能插队，也不要在遇到熟人的时候为对方占位置这样会影响排在后边的人取餐，延长人们的等待时间。

2. 取餐须有序

我们在取菜前应该先拿一个空盘盛放自己所选的食物。当轮到自己取菜时，应使用公用的餐具将食物放在自己的餐盘中，绝不可用自己的餐具直接取菜，更不能用手直接抓取食物。

3. 取餐勿贪心

取餐时，不要将过量的食物挑选到自己的盘中，一旦将食物放入自己的盘内，就绝对不能再把它们放回公共容器中，因为这样做很不卫生。

取餐时，讲究"少量多次"。切勿一次性把食物堆满整个餐盘，或者同时使用两三个餐盘。应该少量取餐，待品尝后觉得好吃，再次适量取餐，避免给他人造成贪心的印象。

4. 勿外带餐食

自助餐是指客人可在餐厅内自行选取食物享用，这一规则需要大家自觉遵守，杜绝将食物外带，即便是自己没吃完的食物也不能带走。

5. 用餐需回位

取餐后，避免站在餐台旁进食，更不能边走边吃，回到自己的座位后才能开始用餐。

6. 用餐促交流

用餐时，可以与周围的人适当交流，但音量不要过大，肢体动作也不能夸张。

7. 用餐勿抽烟

不论用餐是在餐厅内还是在户外，都要杜绝在用餐时抽烟，而边用餐边抽烟是非常没有礼貌的行为。

8. 餐后餐具归位

通常，自助餐厅里的服务人员相对较少，如果设置了"餐具回收处"，我们需要将餐具归还至指定区域后再离开。

传而有礼

中国的葡萄酒

提到葡萄酒的产地，人们会想起法国、西班牙、美国、澳大利亚；提起葡萄酒的品牌，人们会想起拉菲、奔富；提到葡萄酒的历史，人们会想起拿破仑。而中国最著名的葡萄酒应该是张裕葡萄酒。

其实葡萄酒并非时近代的舶来品，而是自古有之。在我国，葡萄酒始于汉代，兴盛于唐，强大于元，屡弱于明，复兴于清，新生于今。早在殷商时代人们就开始采集并食用各种野葡萄，《诗经》中写到："六月食郁及薁，七月亨葵及菽。八月剥枣，十月获稻，为此春酒，以介眉寿。"这里的薁指蘡薁，就是一种野葡萄。据考古学者发现，在公元前 206 年，我国就已开始种植葡萄、酿制葡萄酒了。

现在，我国的沙城、烟台等葡萄酒产区具有与世界葡萄酒产区——波尔多相同的纬度和地质条件，我国葡萄酒业拥有技术过硬的队伍，产量不断增加，品种不断丰富，质量不断提高。

堂下固礼

1. 简述中西方宴会礼仪的异同。
2. 了解葡萄酒的饮用礼节并与同学们分享。

参考文献

[1] 范玮. 图说中国古代酒文化[M]. 北京：文物出版社，2020.
[2] 邱丙军. 中国人的二十四节气[M]. 北京：化学工业出版社，2023.
[3] 王炜民. 中国礼俗史话[M]. 北京：中国国际广播出版社，2021.
[4] 王玲. 中国茶文化[M]. 北京：中国书店出版社，1998.
[5] 黛帕. 读古诗学礼仪[M]. 北京：应急管理出版社，2021.
[6] 徐文军. 中国风俗文化史论略[M]. 北京：人民出版社，2020.
[7] 陈玉新. 中国人的传统节日[M]. 北京：化学工业出版社，2021.
[8] 朱海燕. 中国茶道礼仪之道[M]. 北京：中国农业出版社，2019.
[9] 杨雅蓉. 高端商务礼仪[M]. 北京：化学工业出版社，2021.
[10] 张文. 每天一堂礼仪训练[M]. 北京：中国纺织出版社，2020.
[11] 白巍. 社交礼仪[M]. 北京：农村读物出版社，2000.
[12] 雨丹. 公关礼仪手册[M]. 北京：中国对外经济贸易出版社，1999.
[13] 黄骁. 每天懂点幽默沟通学[M]. 北京：中国纺织出版社，2020.
[14] 周思敏. 你的礼仪价值百万[M]. 北京：中国纺织出版社，2009.
[15] 金正昆. 礼仪金说[M]. 2版. 西安：陕西师范大学出版社，2008.
[16] 张秋垫. 酒店服务礼仪[M]. 杭州：浙江大学出版社，2009.
[17] 任杰玉. 酒店服务礼仪[M]. 上海：华东师范大学出版社，2009.
[18] 李嘉珊. 现代酒店礼仪规范（修订版）[M]. 长沙：湖南科学技术出版社，2008.
[19] 何立萍. 旅游业礼仪[M]. 杭州：杭州出版集团，2008.
[20] 金正昆. 国际礼仪金说[M]. 北京：世界知识出版社，2008.
[21] 黄英，苑丽红. 旅游与酒店礼仪[M]. 广州：广东经济出版社，2008.
[22] 张晓梅. 晓梅说礼仪[M]. 北京：中国青年出版社，2008.
[23] 文通. 新编现代酒店礼仪礼貌星级服务标准[M]. 北京：中国纺织出版社，2008.
[24] 金正昆. 接待礼仪[M]. 北京：中国人民大学出版社，2009.
[25] 鄢向荣. 旅游服务礼仪[M]. 北京：北京交通大学出版社，2008.
[26] 金正昆. 商务礼仪教程[M]. 3版. 北京：中国人民大学出版社，2009.
[27] 安智君. 礼仪[M]. 保定：河北大学出版社，2020.